白井晟一の原爆堂

四つの対話

岡﨑乾二郎
五十嵐太郎
鈴木了二
加藤典洋

聞き手—白井昱磨

晶文社

装丁・本文組　細野綾子

目次

原爆堂について　――白井晟一

一九五五年

私ははじめ不毛の曠野の中にたつ堂を考えていた。惨虐の記憶、廢墟の荒涼たる連想からであったとおもう。しかし構想を重ねてゆくうちにこのような考え方の畢竟は説話的なニュアンス・メイクの偏執から自由になって、観念・典型の過去をきりはなした。自分の中の、可能性だけを集約して造型を純粋にしたいとおもう努力にかかわっていった。メモリイを強いる造型でなく、永続的な希待の象徴を志すことになったといえるかもしれない。人間社会の不朽な共存への祈りとこのような自分のなかの造型発展とは素直にむすんだ。

このたてものは黒花崗を貼った直径5間のまっくろな円筒が、眼にみえぬほど静に流れている澄明な水の中にたち、1辺12間の方堂を支えているとみえるが、軸としてのシリンダア全体と梁としてのスラブ全体が一つの鋳型であって架構構造ではない。アトミック・ハンマアも試験の時代を通過した今日では、私の考えてきた原理向上の進展ものぞみなしとしない。いずれにしても経済や工法の上から、今後も構造担当の坪井研究室とともに研鑽をつづけてゆきたい。

堂は美術館（本館の）エントランス・パビヨンと地下道でむすばれている。円筒内壁に沿ったスパイラル階段でギャレリイに導かれ、内部採光はドオム円蓋と光路を経た間接外光に人工光線で補う。

さてこの計画を実施する組織はまだできているわけではない。原爆図をかいて世界の人びとを感動させたといわれる丸木・赤松さん等、この計画案の熱心な支持者達とともに、戦争のない永久平和を祈念するおなじ願いの民衆の洽き協働によって、またぜひともそういう成り立ちからでなければできない建物であると思っている。

『新建築』四月号「ATOMIC BOMB CATASTROPHE TEMPLE」

一九七四年

TEMPLE ATOMIC CATASTROPHESは一九五四年からの計画である。私ははじめ不毛の曠野にたつ愴然たる堂のイメージを逐っていた。残虐の記憶、荒蕪な廃墟の聯想からであろう。だが構想を重ねてゆくうちに畢竟は説話的なこのような考え方をでて自分に与えられた構想力の、アプリオリな可能性だけをおいつめてゆくよりないと思うようになった。概念や典型の偏執から自由になることはそのころの自分にとって難しい、大きい作業であったが、悲劇のメモリィを定着する譬喩としてではなく、永続的な共存希待の象徴をのぞむには、貧しくともまず、かつて人々の眼前に表われたことのない造型のピュリティがなにより大切だと考えたからにちがいない。堂は直径九米程の円筒が、眼にみえぬほど静かに流れる澄明な水の中から、一辺二十三米の方錐を貫通するという形をとった。そして軸のシリンダァと梁と壁をいくつかのキャストに分け、これを求心的に風呂桶の箍で引締めてゆくといった工法を、力学の最も原理的で素樸な方程式で追求してゆくことであった。

『白井晟一の建築』(中央公論社)

subway *museum*

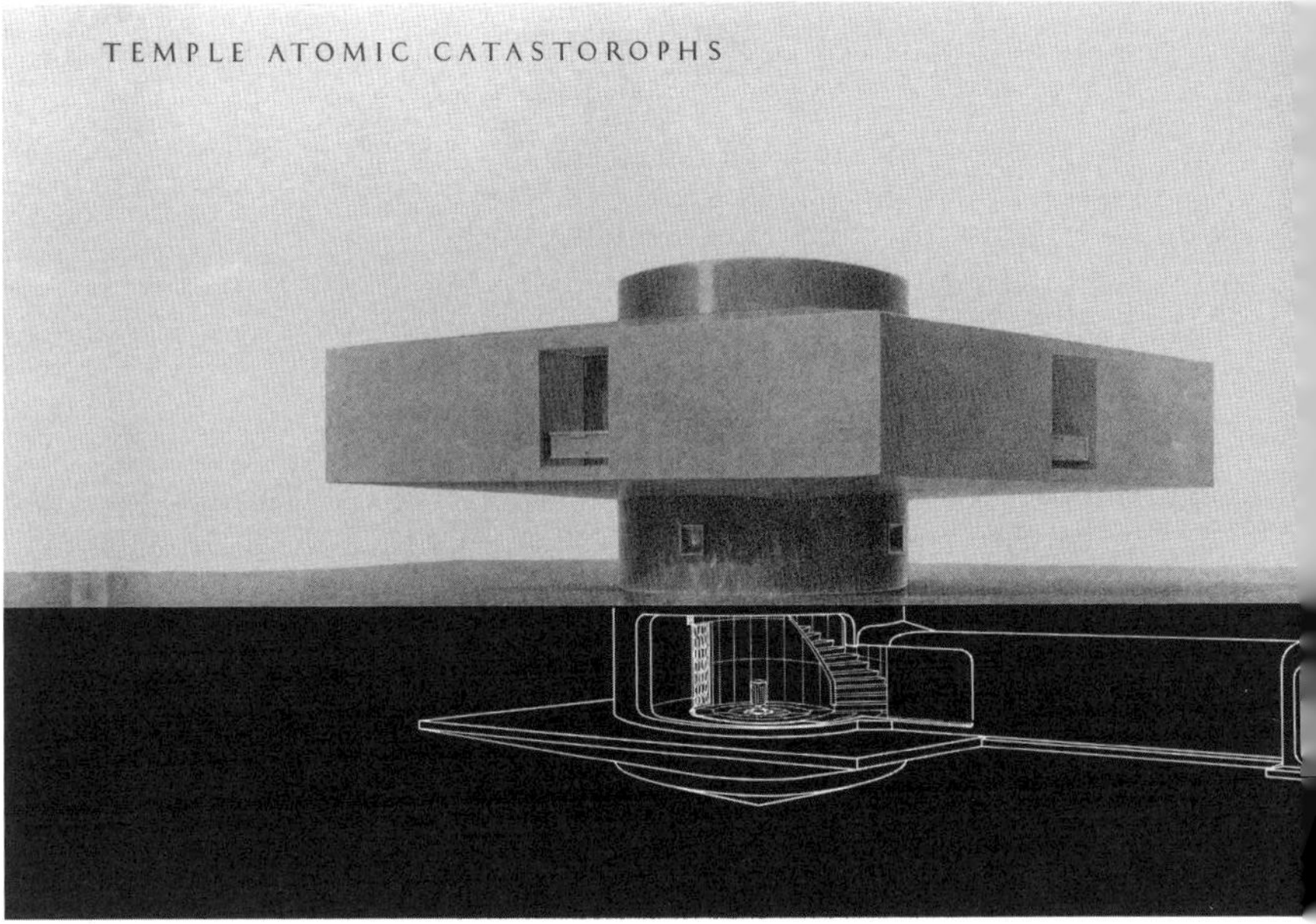

temple

1st floor plan

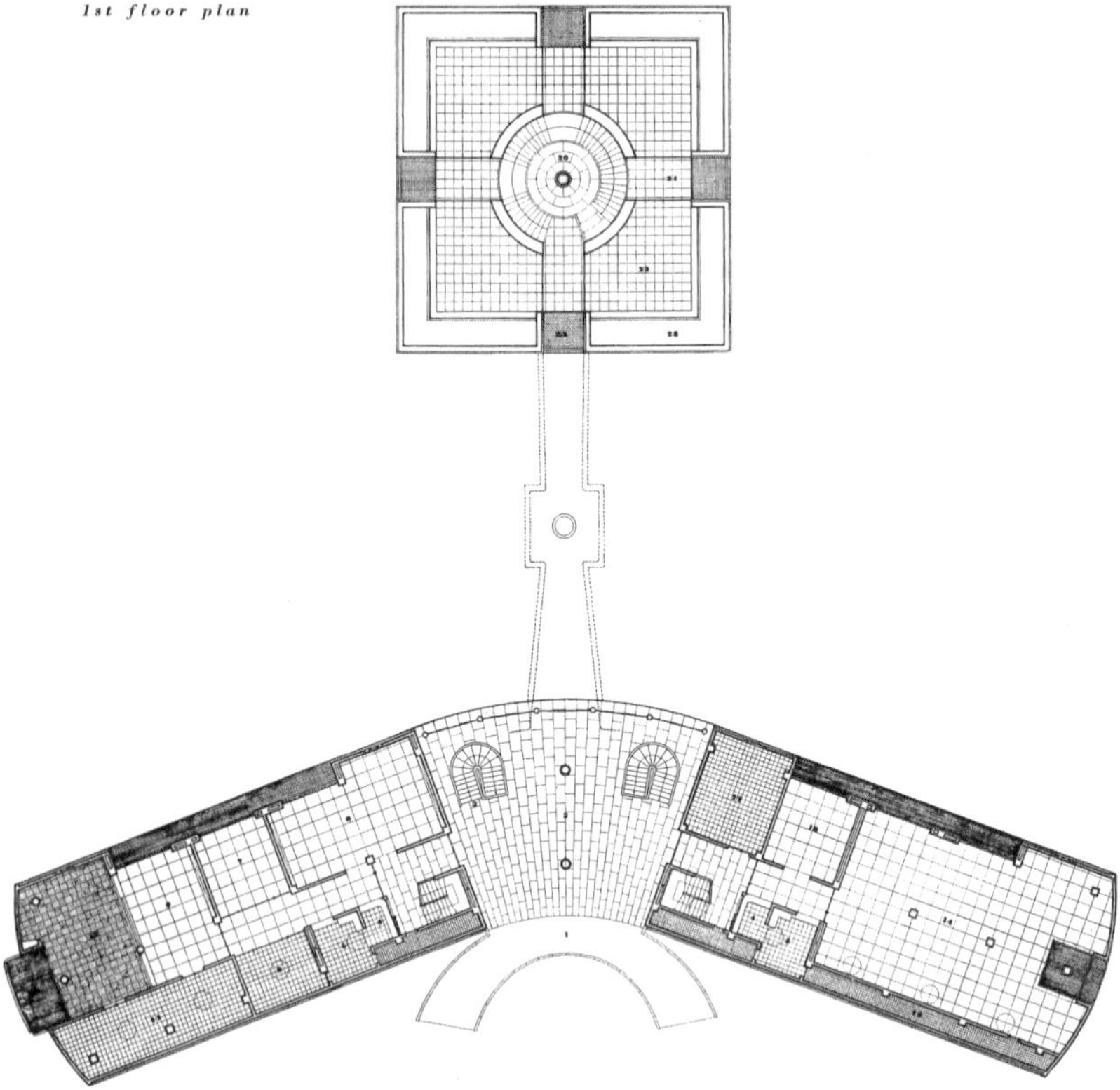

1. *approach*
2. *laggia*
3. *stair*
4. *information*
5. *cloak*
6. *library*
7. *drawing*
8. *ante*
9. *bureau*
10. *director & reception*
11. *store*
12. *balcony*
13. *lobby*
14. *gallery*
15. *store space*
20. *stairdrum*
21. *clarté passage*
22. *gallery*
23. *glass case*
24. *balcony*

basement plan

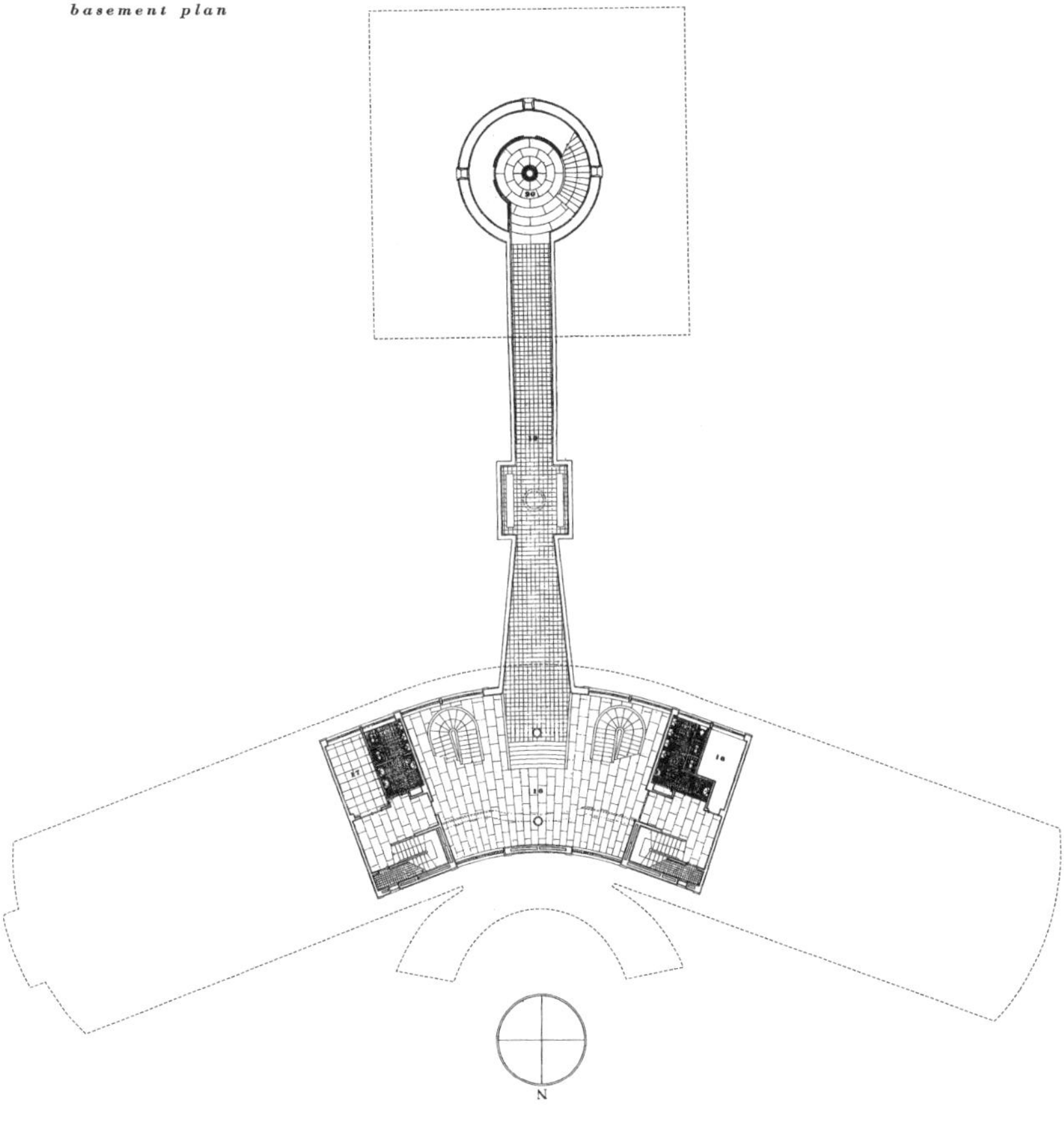

16. sub-hall
17. electric
18. service
19. sub-way
20. stairdrum

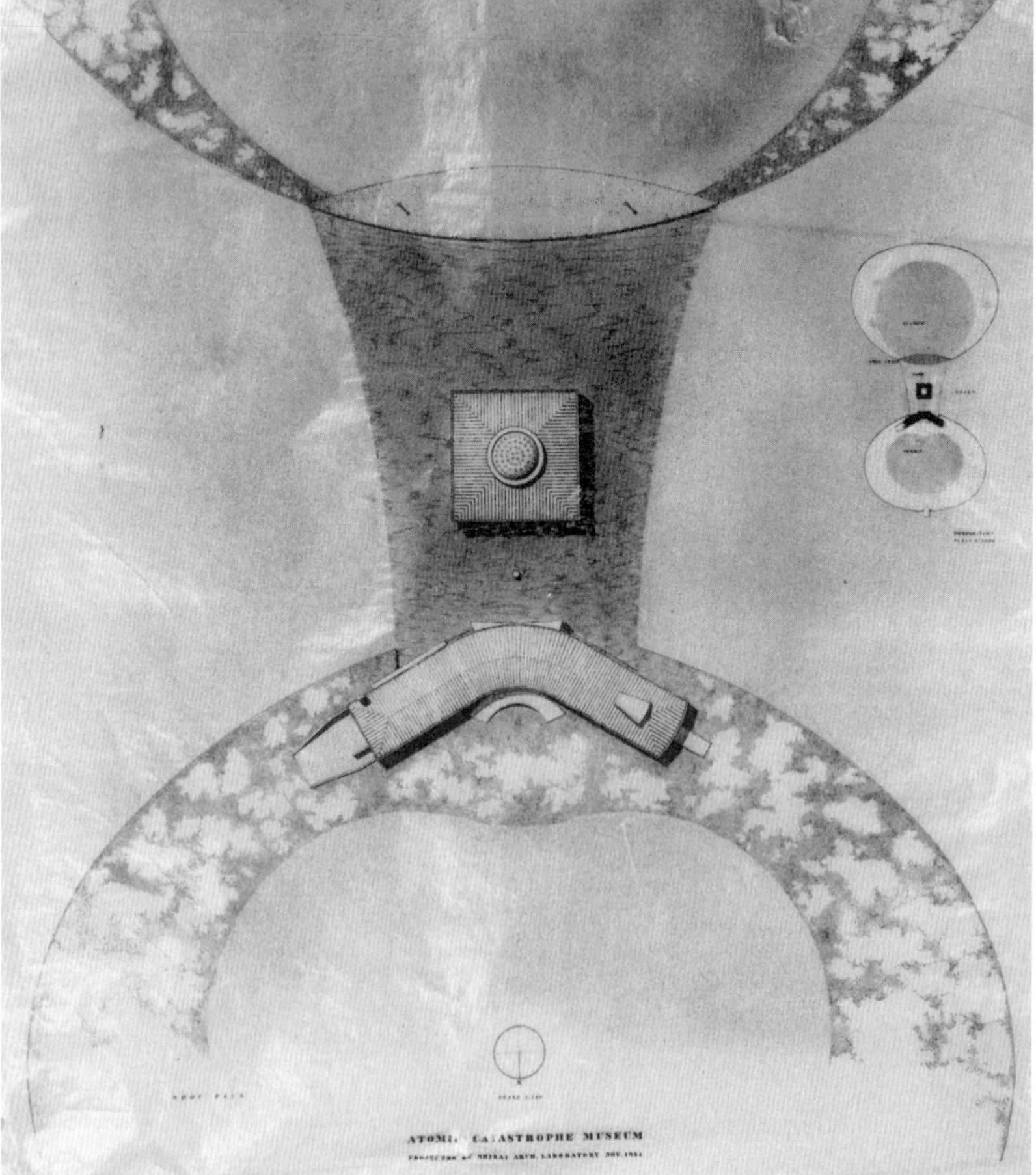
ATOMIC CATASTROPHE MUSEUM
SHIRAI ARCH. LABORATORY NOV.

図版一覧

序

言葉と建築

白井晟一の戦後と原爆堂構想

白井昱磨

1

「原爆堂」のプロジェクトが着手されたのは一九五四年の春でした。この年の三月ビキニ環礁でおこなわれたアメリカの水爆実験によって日本の漁船「第五福竜丸」が被曝し乗組員二三人全員が急性放射能症を発症し、無線長は半年後に亡くなりました。第二次世界大戦の終結まぢか広島、長崎に原爆が投下され、おびただしい数の市民が被爆し凄惨な犠牲になってからも原爆の威力をさらに高める開発が進められ、東西冷戦下米英ソの核実験が繰り返されていた中で起きた事件でした。

翌年の四月「原爆堂計画」は、丸木・赤松画伯が被爆の凄惨をリアルに描いた「原爆の図」の美術館計画に提案するかたちで新聞と建築雑誌『新建築』に発表されます。『新建築』には設計者の短いコメント[1]と当時の編集長・川添登氏による「原爆時代に抗するもの」（岩田知夫名義）という論文が寄稿されました。終戦から一〇年の節目を迎え、建築界でも敗戦と戦後復興の中で大きな流れになった近代主義的な機能主義、合理主義に対する批判と反省が生まれ、その中でヒューマニズムと伝統の問題が明治維新以来の日本の西洋化、近代化の問題を含んで論議されていました。「原爆堂計画」の複層的な性格は、核の問題と向き合う意想がそのような日本の近代化の問題とも直に関わるものでもあったからでした。

「原爆堂計画」は「原爆の図」の美術館としては早い段階で不調に終わり、すでにおなじ年の八月には用途を限定しないかたちで一二頁の英文パンフレットが作成されます。「原爆堂パンフレット」と呼ばれるものです。ここでも川添氏が解説を記し、「原爆という言葉ほど、文明についての深い反省を人びとにあたえるものはないであろう」と述べ「原爆堂」の名前の意図が伝えられていますが、すでに美術館については触れられていません。建築の英文タイトルも発表時の ATOMIC BOMB CATASTROPHE TEMPLE から TEMPLE ATOMIC CATASTROPHES と変わっています。

BOMBが取り払われCATASTROPHEが複数形になった、極めて短期間でのこの変化は発表時の「原爆の図」の美術館というかたちへの配慮が取り払われて、設計者のオリジナルな意想が前に出たものになったと考えられます。原子爆弾のもたらした悲惨を、核を開発して手にした近代の技術文明から生まれるカタストロフとして向き合おうとするものでした。「原爆堂計画」を核との関連でどう捉えるかについては、岡﨑乾二郎氏が論考「芸術の条件　白井晟一という問題群」で取り上げた以下のような極めて示唆的な解析があります。

「一つの塊から分裂され引き離されたような二つの円（マウンド）。その二つをなお結びつける靭が池となり、その上に小さな正方形（直方体）とそれを貫く円（シリンダー）で形成された本堂が浮かぶ。基本幾何形態による構成主義的なデザイン。いや分離する二つの円形マウンドの形状は、細胞分裂する細胞か、いや核分裂の図式をそのまま模しているとしか見えない。では、この配置計画全体を、大地を原子核に見立て、その核が二つに分裂したさまとみなすなら、池の中央に小さく浮かぶ本堂の円形のシリンダーは、原子に衝突した中性子か、あるいはそのとき放出された中性子であることにもなる。いずれ、この《原爆堂》計画が、遠目で見て核分裂の姿を、近目で見て、原子炉の構造を模しているといっても、おおよそ見当違いではないだろう[2]」

この「原爆堂」を計画し設計したのは建築家の白井晟一（一九〇五－一九八三）で、青年時代ドイツに留学しヤスパースやシュプランガー、デソアールなどから哲学や美学を学び、建築家としては特異な経歴を持つのですが、留学するまえ京都高等工芸学校（現・京都工芸繊維大学）の学生だったときに、英語の教師として赴任してきた哲学者の戸坂潤に兄事して親しく交わり、主にギリシャ・ローマの哲学の話をしてもらったと述べていますが[3]、当時空間論に取り組んでいた戸坂はもともと物理学専攻であり、その哲学も科学的な変革に強く影響され展開したものでしたから、かれらの話題に先端科学が含まれていたことはむしろ自然だったでしょう。岡﨑氏が指摘する「原爆堂」の設計に認められる原子物理学的な知見はこうした白井の青年時代の背景とも繫がります。いずれにしても「原爆堂計画」が原爆や核に対する心情的な位相に留まるものではないところで向き合うものだったことは、この「原爆堂」の性格を捉える上で欠かせない点の一つです。

2

白井は中央公論社の嶋中雄作や日本画家で義兄の近藤浩一路の住宅の設計を手掛けたのち、戦後しばらくは秋田で羽後病院、秋ノ宮村役場、稲住温泉などの設計に取り組みます。一九五一年竣工の秋ノ宮村役場の竣工式での白井のスピーチの草稿が発見され、その中でモチーフになった切妻の大屋根が「皆様にもめずらしくない秋之宮の多くの民家に通有な屋形から得たものであります[4]」と述べています。戦後多くの建築家が欧米の近代建築やモダニズムを移入する仕方で設計活動を進めていたのに対して、白井はその土地の歴史と現実の中から建築の設計を進めようとしていたことが窺えます。

この年かれは國學院大學で「華道と建築　日本建築の伝統」[5]という講演をおこなっていますが、その中では「東亜戦争に至る頃には、正念を失った国粋思想との不倫な聯繫によって空前の暗黒時代を招いた」としてから「敗戦はこのような建築的スキャンダルの掃除に役立ったことになります。しかし日本の建築界を主導する原理はまた別の新しい毒念を迎えたのではないでしょうか」と述べ、欧米の近代主義、合理主義、機能主義に追従する戦後の建築の状況を厳しく批判しました。この批判はそれに続くフレーズ「罪のないコルビュジエやカリフォルニヤ建築をして阿諛《あゆ》や狂信のエンスウジアズムの殿堂から下ろし、日本的創造のよき友たらしめねばなりません」と述べていることからも分かるように、ここでの批判の重点は、日本の戦後の建築が独自の創造に身を削るよりも欧米の近代に追従する模倣や剽窃に陥っていることに置かれています。これに続けて「咎《とが》はもともと民族の源泉に対立させる錯覚と浮薄なイミテイションを導いた『伝統の自覚』喪失にあります」と述べて「新しい毒念」の背景に「伝統の自覚」の喪失を指摘し、その自覚の中から「日本的創造」への可能性を見出そうとします。一九五一年といえば翌年まで七年間続いた米軍による占領下にあり、戦争と敗戦からの喪失感、屈辱感と戦後復興の意志と情熱が同居していた時代であり、この講演もそのような時代の状況を反映しているようにみえます。そして四年後に建築界でおこなわれる伝統論争における白井の結論はこの時すでに提出されていたわけで、かれの伝統論として著名になるエセー「縄文的なるもの」は伊勢や桂といったモデルを論じることからはすでに卒業し、「数寄」や「わび」「さび」といった伝統概念を「錯覚と浮薄なイミテイションを導いた」通念として退けました。そして一方で伝統論の陥りやすいナショナリズムへの警鐘を含めて、戦後の建築界では珍しく中国やアジアへの視線を示し「天壇」「中国の石仏」（共に一九五五年[6]）といったエセーを伝統論争のさなかで著しています。

3

白井のエセーの中で引き合いに出して触れられることのとくに多かった「縄文的なるもの」「豆腐」「めし」とそれに続く「待庵の二畳」は、「原爆堂計画」の後にたて続けに書かれたものです。建築界での伝統論争のさなかでもあり創造の問題として限定したうえで伝統を論じていますが、それらは同時に「原爆堂」設計の過程で思考されていたものがエセーのかたちをとって表明されたものでした。

「縄文的なるもの」[7]は「伝統の表面に典型がうかぶのはやむを得ないが、価値概念として固定化し、その上情緒や簡素という感覚的皮相の墨流しを器用に移しとっては、これを日本的なものとして定型化してきた」のではないかとまず述べて、「数寄」や「わび」「さび」を伝統の規範とすることをあらためて退けます。そして建築史の教科書では取り上げられることもなかった伊豆韮山の江川邸という武士の居館と向き合って、伝統に新たな文脈を見出そうとします。江川邸を「茅山が動いてきたような茫漠たる屋根と大地から生え出た大木の柱群、ことに洪水になだれうつごとき荒々しい架構の格闘と、これにおおわれた大洞窟にも似る空間は豪宕《ごうとう》なもの」と捉え、それが「虚栄や頽廃［中略］、民家のように油じみた守銭の気配や被圧迫のコムプレックスがない」ことを高く評価し日本文化に内在する「縄文的なるもの」のポテンシャルに目を向けました。さらに江川邸が「生活の智恵」に支配された建築ではないことを特筆して、イデオロギーや観念から「逆算」されるような近代主義建築の住宅論や機能論を退けます。

作家の松山巌氏は白井のエセー集『無窓』の新版に寄せた論考でこの「縄文的なるもの」について次のように述べています。「当時、日本的な情緒を醸し出す和風建築や家具がモダニズムに通じるとされ、ジャポニズムとして海外から称賛された。これをまた日本人は喜び、これからは和風だと思い込み、その結果、和風の建物はさらに通俗化した。この状況も日本人のコンプレックスの裏返しに過ぎないと白井は突いている。しかしだからといって縄文、縄文と語り、それを理屈で一つの型に収める危険性を彼は見抜いていた[8]」

「縄文的なるもの」で白井が批判するのは「日本的なものとして定型化し」たものが「いつの間にか形象性の強い弥生の系譜へ片寄った重点がかかり慣習化されてしまった」ことに対してでした。それを乗り越えるために一つの方法として縄文と弥生のディアレクティークを提唱します。「私は長い間、日本文化伝統の断面を縄文と弥生の葛藤の中で把えてみたいと考えてきた。一建築創作家としての体験である。ギリシャ文化におけるデュオニュソス的・アポロ的対立にも似た、縄文・弥生の宿命的な反合が民族文化を展開させてきたという考え方は、究竟では日本の固有な人間、歴史性に日本的形姿として定着させたアポステリオリ「後天的、経験的」なものの偏重への反省であり抗議である」

　松山氏は先のフレーズに続けて、白井の言う縄文が建築の「形象性」を偏重する系譜―伝統に対立する概念として意味づけられていることを指摘し、当時の作品「原爆堂計画」「松井田町役場」「善照寺」を例に挙げて

「いずれも縄文だと思わせる仕事ではない。荒々しく猛り狂った神経は内面に湛えられ、外観はあくまでも静謐で、見る者に内省の時間を与える作品である」ことに注意を喚起し、「言葉」や「思想」と「建築」を単純にリンクさせることのない、白井の重層的な「言葉」の性格と「建築」とのスタンスを浮かび上がらせています。

4

伝統をめぐって次に取り上げられたのは「豆腐」と「めし」（共に一九五六年）でした。両方とも日本人であればだれでも日常の生活で欠かせない基礎的な食品です。かれにはこれ以前に「住宅思言」[9]（一九五三年）というエセーがあり、やはり日常の生活用品である「箸」「下駄」「風呂敷」を、「長き試練を経て」体得された日本の優れた伝統を示すものとして取り上げ、「西洋の現代機能主義」を信奉するエピゴーネン（＝模倣者、亜流）を「素朴な抱論の晴着をきて罷《まか》り通る」と揶揄しています。このようなかれの日常的な食や物への視線は、戸坂潤が「日常性」に科学的な真理性へ媒介するものを捉え「道徳」「娯楽」「風俗」などを哲学の対象としていたことを思い出させます。

エセー「豆腐」[10]は「もし豆腐に美を感ずるとすれば、それはどういうことなのか」という問いから始まります。そして自然の美とも音楽や美術の美ともちがって「目、触感、想念に反応するだけの美」ではなく、「ながいあいだ日本人の生活の中で栄達者にも失意者にも普遍な『用』として『常』の中で成熟し完成したもの」に生まれる美であり、「あらゆる部分が弁別できないほど、緊密に結合して一つの全体のうちにとけこみ、渾《こん》然《ぜん》たる調和に統一されている、そういう完全な単純」であると論じました。「常」とは日常の常であり、「用」とは「精神的風土に自ら育った生活の意志によって創造される」ものにおいて、「一つの生命が他の生命に奉仕することだ」とされます。「用」が機能主義の「機能」の素朴な論理と対置して用いられているわけです。このエセーは「美」というものをどのように捉えるべきなのかという白井の考えを示していますが、同時に「用」

の概念を用いた技術論として岡﨑氏が指摘するように人間と核の問題への視線が前提とされており[11]、近代と象徴的に関わる核の問題を背景に、それまでの伝統論を批判的に解析した上で新たな創造の問題として日本の伝統の根を掘り起こそうとするものでした。

5

「豆腐」に続けてその翌月おなじ『リビングデザイン』誌に発表された「めし」[12]は次のようなフレーズで始まります。

「野外に出て無限な蒼穹を仰ぐとほっとする。これが理想の色かと思う。生きている本当の理由が、身内に湧いてくるのである。自然の叡智が人間の自由な生命をあらゆる強制から解きほぐしてくれるからだ」

「豆腐」で終わらず「めし」が論じられたのは「めし」が「豆腐」よりも自明な「用」を示しているからでした。「豆腐」では「用」を通して「美」が取り上げられましたが、「めし」では「美」を「人間が作るものとは言い難い」と退け、「『美』をつくる術が人間の手にあると思い上ったときから、人間の生命と自然の根本法則との連着が断ちきられてしまった」と指摘します。「めし」の原点はそのような切断以前にあり、「めし」はまず神に捧げられ「人間の生きる糧であると同時にまた『神』の力を養うもの」でした。「めし」が「単純に手段ではなく、人間の生きる理由であり目的であった」のです。そして「『めし』はかかる『神』と人間の生命を内面的に契合する具体的なコオペレイションの『用』であり、象徴となった。『めし』は日本的形姿の母胎たらざるをえない」と「めし」の伝統が論じられます。

変動する歴史の中で「人間の生命と自然の根本法則の連着」が切断されても、「日本的人間構造の表徴たる『めし』は、あたかも文化がどのように進んでも人間の悲しみ笑う理由に変りのない如く、その意味と価値を変えるものではなかった」と主張されます。しかしその歴史の過程で生じたさまざまの差別や貧富、理不尽や背理と「めし」もまた無縁ではありえません。「一つの櫃《ひつ》から分配される『めし』の椀を満たすのは必ずしも等しい量ではない」のです。そしてそこから起こる分裂を繋ぎ止める母の祈りと犠牲と愛が描かれます。

「母の給仕は空虚な仕事の反覆たることを許さない。平衡と調和の配分の後、櫃の中にはしばしば『めし』は祈りと愛の故に一粒も残さないのである。母の生命を支える『めし』は犠牲の愛としてしか残っていない。しかしこの小さいコミュニティを、異なった世界観をもっても分裂させず、内部から繋ぎ堪えるものは不幸にもかかる悖理［＝背理］であり、常に『めし』の『用』を極限に高めた『母』の犠牲であった」

日本的な伝統の原点に示された「めし」はこうして「一つの生命が他の生命に奉仕すること」である「用」の究極のかたちとして描かれます。しかしその「めし」は人と物との関係では終わらずに、「『めし』の『用』を極限に高めた」のは「母」の犠牲的な愛であったとする人と人の関係へと導かれます。そして「小さいコミュニティを、異なった世界観をもっても分裂させせ」ない「母」の無私の愛と犠牲という背理を示すことでエセーは結ばれます。ここで取り上げられている「小さいコミュニティ」が一つ一つの家族ばかりでなく、「世界観」という言葉を通して国や世界や人類に向けられていることは明らかです。「異なった世界観」による分裂やいさかいは世界大戦後も続く人と世界の現状でした。その中に原爆の問題もあり、「原爆堂計画」の主旨に示された「共存」[13]とは「異なった世界観」による分裂を克服することによってこそ可能性が生まれるものであり、理想主義的な理念としてではなく、母の犠牲の愛といった「悖理」を背負う理念として捉えられていたことが認められます。

6

「豆腐」「めし」に次いで白井が取り上げたのは「数寄」「わび」のいわば原点ともいえる利休でした。このエセー「待庵の二畳」[14]では利休は単に茶道の創始者としてではなく「創造的活動」の先達として、美の体現者として次のように論じられます。「利休の説得力の卓絶は、彼の行為がそのまま他の官能をつつむ生ける力となってその直観へおそいかかり、徹頭徹尾具体的な流露によって人々の美の記憶と信仰を粉砕し、電光がうつように慄然たらしめながら、鮮烈な美の光明に帰依させるところにある」と分析しつつ賛辞を送り、さらにかれの創りあげた茶室・待庵を「闇と光の調和のうちに、おもいのまま時間を収縮し、空間を拡大した」ものと評します。

白井がヨーロッパの留学から戻って最初に訪れたと語っている京都・聚光院の閑隠席もその利休の作とされるものであり、そこに「簡素」という「日本的創造」を認め、それが「いわゆる文化者」の権力との闘争によって達成されたものと指摘していました（前出「華道と建築　日本建築の伝統」）。しかしこの「待庵の二畳」では利休の権力との闘いはイロニー的なものとして厳しく追及されます。「時代の悲劇は必ずしも矛盾や悖理が多いことによっておこるのではない。そういうものならいつの時代にもみられた。むしろ恐しいのは、それらの誤りや不正義に対して抵抗する人間がすくないということだ」と前置きしてから利休の切腹死を取り上げ、かれの「数寄」が「畢竟、苦役・権謀か苛烈な殺戮の上にきずかれたエリィト内の数寄の勝利に畢らなければならない。彼の絶対的安全地帯も秀吉権門内における偶然のシチュエイションにすぎぬ。もし彼の対決するものがそのような偶然でなく、自然と人間の本然的な希求にむかい、歴史のいたみを痛む必然な抵抗であったならば、あえて自らを遁走し、より広大な自由圏を設定してまで己れの主体に追いつこうとするような、まわりくどい結末に導く必要はなかった」と論じます。

白井は利休をたぐいまれな美の創造者として認め、称揚しながらも「秀吉権勢ににぎられた外部の尊厳から憤りをこめて敗退したにすぎない」とし、「利休は生の呪縛のあるかぎり数寄をこえることができなかった」と結論します。このエセーの終わり近くで白井は改めて「創造すること」を問い、「歴史と民衆のはかりつくせぬ昏い深みを潜めた継起する矛盾」に対する「破壊力」を創造に求めます。そして利休の「数寄」はそれに至ることがなかったとし、さらに日本文化の歴史の推移の中で「数寄」が「国民文化の価値体系を質として私的価値に釘付けにした錯覚や虚栄の原型となることはなかったか」と論じ私的な価値に収斂する「好み」の美学を退けました。

「待庵の二畳」は創造の問題として日本的伝統を論じる中で、創造されるものの質が権力の支配から自立した自由と切り離せないという白井の信念を浮かび上がらせています。先に触れた「原爆時代に抗するもの」の中で「原爆堂」の設計に臨んで「建築家は戦争に反対しなければならない」と白井が述べていたことを、川添氏はそれが「第三次大戦が世界を破滅させるという意味ではない。いかなる局地戦争も、建築に創造的活動をゆるさないからだ、というのである。私は、はじめこの意味がよくとれなかった」となかば戸惑いながら伝えています。ここから白井が「創造的活動」というものを建築家のアイデンティティと考えていたことと、「国粋思想との不倫な連繋」に走った日本の建築家がそのアイデンティティを失っていたと捉えていたことが分かります。建築を設計する技術者、デザイナーであるだけでは建築家のアイデンティティは確立し得ないと考えていたことになります。「創造的活動」の自由を許さないような権力もまたそのようなアイデンティティを阻むものであり、利休の権力との闘いが創造の質にかかわるものとして論じられたのでした。

7

「原爆堂計画」が発表されたのは終戦からほぼ一〇年の節目をむかえ、日本の戦争が何であったのか改めて問われている時期でした。四月号で「原爆堂計画」を掲載した『新建築』では、同年の八月号で特集「原爆下の戦後10年」が組まれ、扉には「新らしい前進のために」という言葉が記されています。この号で物理学者の武谷三男が招かれて建築家・浅田孝と対談しています。タイトルは「原爆時代と建築」で、武谷は原爆と原子力を分け、いまは「原爆時代」でありそれを乗り越えて「原子力時代」を達成しなければならないと主張し、それがこの対談の基調になっています。特集記事を執筆した編集者もこの見解に同調するように「原子エネルギーの解放は、同時に人間をも解放するであろう」と記し、「新らしい前進」と「原子力時代」が結びつけられていました。この二年前にはアメリカの大統領アイゼンハワーの「原子力の平和利用」宣言があり、原子力発電所の開発推進を謳いあげていました。それを受けて日本でも原発を採用する政策が進められ一九五五年には原子力基本法が成立します。武谷は政治経済両面でのアメリカの原発の戦略に注意を促しつつも、基本法の設けた民主、自主、公開の三原則とほぼ一致する、(1)情報の公開、(2)原子炉が日本製であること、(3)民主的な運営、を最低条件として挙げます。その後の日本の原子力発電所の建設、運営はこの基本法、武谷三原則を反映することもなく進められていたことが、福島の原発事故により明らかに知らされることになりました。いずれにしてもこの時点では核の問題が、戦争兵器としての核爆弾と国の経済を支える原子力エネルギーとしての原発、といった素朴な二分法がまだ通用する時代であったことが見えます。白井がこの動向にどのような見解を持っていたか直接述べたものは残されていないのですが、すでに触れたように英文のタイトルからBOMBが除かれ、カタストロフが複数形になったことからも原子爆弾に限定しない核の利用そのものを対象として考えていたことが読み取れます。武谷とは異なり、核が「人間を解放する」近代科学の成果としてではなく、カタストロフと結びつけられていました（カタストロフとは影響が時間的にも空間的にも無限定に広がり制御不能となる破局を示します）。

この対談では来るべき新しい時代として「原子力時代」が語られ、それにふさわしい建築の在り方が論じられています。武谷が戦後の近代建築にはヒューマンさが欠けていると述べると、浅田はそれを受けてヒューマンになるために取り入れた機能主義が「乗り越えられるものとして一つの道程」でしかなかったことが気づかれるようになり、「日本の建築は日本の建築なりにわれわれの血のつながった伝統の問題とか、あるいは現代の素材の中にある風土性の喪失といったものと、真剣に取っ組まなければいけないのではないか。そうしなければ一種の概念的なものとしてしか存在しない建築になって、日本人の建築の問題として説きあかされない。明日の日本人の幸福につながらないのではないかと、ごく最近叫ばれてきております」と建築界の状況の一端を伝えています。

8

私は先に「原爆」や「核」と向き合う建築あるいはプロジェクトが、文明論、近代化論、文化論の盛んであった戦後の建築世界から「原爆堂計画」の他には生まれなかったことの不思議から、戦時下におこなわれた建築家の座談会「大東亜共栄圏に於ける建築様式」と設計コンペ「大東亜建設記念営造計画」における言説を、おなじ時期の言論知識人の著名な座談会「世界史的立場と日本」「近代の超克」と並列して追い、それと同時に、白井の青年期戦争を挟む前後の時代に接点のあった人々の動向を探り、白井にとってそれがどのような時代としての経験であったのかを推しはかる資料として「白井晟一と原爆堂の背景」をまとめました。[16] それに対して本稿は「原爆堂計画」のあと集中的に書かれたエセーの「言葉」から「原爆堂」を捉える視点を示したものです。

白井がハイデルベルク大学で師事したカール・ヤスパースが戦後間もな

くおこなった講演『Die Schuldfrage』は『責罪論』『戦争の罪を問う』『われわれの戦争責任について』と邦題を変えて何度か出版されていますが、この本の解説で加藤典洋氏は次のように紹介しています。「［ヤスパースは］ナチスの治政下、ドイツにあっていわば『祖国喪失者』として毅然とした抵抗をつらぬく。ナチスの政権にユダヤ人の妻との離縁を勧告された時には、これを拒否し、大学を退いている。しかし、いったんドイツが国として敗北し、連合軍の占領統治下におかれ、ユダヤ人絶滅政策をはじめとするさまざまなナチスの罪業があきらかになると、自分をこの悪をなした『敗戦国民』の側におく。多くの同国人がドイツ人たることから遠ざかろうとすると、これに抗するように、そのことに近づく。自分たちのナチスからの解放が同時に敗者の屈辱でもあるとは、どういうことか。彼はこのような『敗戦経験の二重性』に、自分の戦後的思考の起点を、見届けようとするのである」[17]

日本でも国民の戦いや運動によってではなく、敗戦というかたちではじめて皇国思想を軸とする全体主義国家からの解放がもたらされました。そして連合国、主としてアメリカの占領支配下で民主主義、近代主義が進められます。解放と屈辱という「敗戦経験の二重性」の点ではドイツと等しかったわけですが、加藤氏は「はたしてわたし達の戦後はこのような二重の姿勢をもっただろうか」「敗戦を正面から受けとめた戦後的思考を、日本の戦後はもってきただろうか」と問いかけます。加藤氏はこの「戦後的思考」を二つのタイプに分け、一つは「誤りを反省し、先進の西洋思想から学ぶことを第一とする『戦後民主主義思想』」と呼び、これに対し「いま自分たちに課せられた現実を基盤に、この第一の道に『抵抗』しつつ、自己形成する第二の流れ」を「戦後思想」と呼びます。[18] これはとりあえず言論知識人を対象としたものですが、自覚的な敗戦経験の意識の深度を問わなければ、この二つのタイプは戦後の建築家の姿勢や動向にも認められるものです。前出の対談「原爆時代と建築」の中で浅田孝は戦後一〇年を振りかえりながら「いま日本には大きな建築思潮の流れが2つあります。ひとつは過去の一種のそういう国際主義につながるモダニズムの立場、もうひとつはソシアリスト・リアリズムと申しますか。人間の生活の現実の中から建築というものが創造されなければならないという立場」だと指摘しています。「国際主義につながるモダニズム」とは「先進の西洋思想」を範とするものであり、後者は戦後の日本の「現実」を重視するという点では重なります。

白井が欧米の近代建築、近代主義を規範とする意志を持たなかった点では前者に属する立場でなかったことは明らかですが、かといって後者の立場で捉えることも的からずれてしまうように見えます。エセー「豆腐」「めし」は生活の中にある「現実」を物と人のメカニズムと民族の歴史から捉え直そうとする作業でした。かれの「伝統」論は日本の伝統を単に欧米と比較するのではなく、それまでの日本の伝統の捉え方に対する疑義と批判の中から、伝統の原点を探り新たな文脈を見出そうとするものであったことはエセーにくり返し見たとおりです。「近代好き」な戦後建築に同調することがなかったのは、同時代としての近代は当然現実のものではあっても、時代を一定の概念で括ってそこから規範や様式を定位するといったイデオロギー指向は、袋の中身を変えただけの戦前、戦中の思考形態と質的に変わらないものであり、戦前から抱えられてきた近代の持つ矛盾や問題を宙吊りにしたままで「近代」的であることに正統性やアクチュアリティーを求める思考は、白井にとってはむしろ自由な創造活動を内側から阻むものとして克服すべき課題であったことは、一九六七年の原広司氏のインタビューに対して「イデオロギーでは自分の仕事が育たなかったことに気がつきかけたのが、おそかったんだが[19]」という述懐に現れていますが、さらに一九七四年の作品集では「原爆堂計画」について述べる中で「概念や典型の偏執から自由になることはそのころの自分にとって難しい、大きい作業であったが[20]」と回想していることからも窺えます。

ヤスパースの「戦後的思考」の起点を加藤氏は次のフレーズに指摘しています。「恐ろしい破壊のなかに新たな好機を持つ新たな状態が与えられているのは、われわれ自身の努力で達せられたのではないのだ[21]」。このような敗戦の自覚を厳しく自らに問う「戦後的思考」から「原爆堂計画」を見ることによって、「原爆堂」に「創造的であること」が強く求められた理由がようやく判然としてきます。それは欧米の近代からの模倣や剽窃を切断し、一方で典型化された日本的伝統を原点から見直す意志を持って、「歴史と民衆のはかりつくせぬ昏い深み」と戦う「破壊力」を「創造的活動」に求めることによってしか、自立した文化の構築に向かうことが出来ないという、いわば白井の「戦後的思考」を示すものであったと捉えられます。それは「原爆堂」のプロジェクトにおいて近代的技術文明を象徴する「核」と対峙する思考の中でより鮮明になっていったものでした。「原爆堂計画」のコメントは「戦争のない永久平和を祈念するおなじ願いの民衆の洽《ひろ》き協働によって、またぜひともそういう成り立ちからでなければできない建物であると思っている」と結ばれています。「原爆堂」のクライアントが国家ではなく「平和を祈念するおなじ願いの民衆」であることが強調されました。ここにもかれの「戦後的思考」の性格が現れていると言えます。

（引用文中のルビおよび「　」は筆者による）

注

1　白井晟一「原爆堂について」『新建築』（一九五五年四月号）。『白井晟一全集』（一九八八年、同朋舎出版）に再録。本書七―八頁参照

2　岡崎乾二郎「芸術の条件　白井晟一という問題群」『美術手帖』（二〇一一年二月号・三月号）

3　川添登「白井晟一論ノート」『近代建築』（二〇〇七年三月号・四月号）および堀利貞「建築と思想遍歴」『現代の巨匠　歴史を生きぬく群像』（一九七七年、インタープレス）

4　「秋ノ宮村役場竣工式スピーチ草稿」『白井晟一の建築Ⅳ』（二〇一五年、めるくまーる）

5　白井晟一『無窓』（一九七九年、筑摩書房／二〇一〇年、晶文社）。初出は「国學院大學華道学術講座」（一九五二年五月）

6　注5参照。初出は『新建築』（一九五五年九月号・一〇月号）

7　注5参照。初出は『新建築』（一九五六年八月号）

8　松山巌「白井晟一の初心と鍛錬」『無窓』（二〇一〇年、晶文社）

9　『白井晟一全集』。初出は『新建築』（一九五三年一一月号）

10　注5参照。初出は『リビングデザイン』（一九五六年一〇月号）

11　注2参照

12　注5参照。初出は『リビングデザイン』(一九五六年一一月号)

13　一九五五年『新建築』発表時の「原爆堂について」では「人間社会の不朽な共存への祈り」、一九七四年の『白井晟一の建築』(中央公論社)では「永続的な共存希待の象徴をのぞむには」と「共存」が使われている。本書七—九頁参照

14　注5参照。初出は『新建築』(一九五七年八月号)

15　この論文は『川添登評論集　第一巻』(一九七六年、産業能率短期大学出版部)に収められた

16　『白井晟一の建築Ⅳ・Ⅴ』(二〇一五年・一六年、めるくまーる)

17　カール・ヤスパース『われわれの戦争責任について』(二〇一五年、橋本文夫訳、ちくま学芸文庫)

18　加藤典洋『敗者の想像力』(二〇一七年、集英社新書)

19　白井晟一／原広司「人間・物質・建築——現代のデザインについて語る」『デザイン批評』(一九六七年六月号)。『白井晟一全集』に再録

20　『白井晟一の建築』(一九七四年、中央公論社)。『無窓』に再録

21　注17参照

岡崎乾二郎

建築の覚悟

最初に言わせていただくと、ぼくはもう建築の世界が嫌いになっちゃって。建築それ自体は嫌いではないけれど職業的建築家は建前までの仕事をする存在ですよね、商品としてのプレゼンまでしかできないしやらない。その乖離が生み出す功罪がだんだんいやになってきました。建前までの建築は建築以前でしょう。その意味でやっぱり白井晟一は特別な人で、白井晟一がいたから建築を思想として考えることができた、という思いがあります。建築界の人たちが位置づける白井晟一とは、解釈はやはりだいぶちがうでしょうね。

――白井晟一の建築を知ったきっかけは何だったのですか。

うちは親父が建築家で、兄貴もその道に進みました。父方の祖父も建築家で、東北大の昔の工学部の校舎を設計した人だったらしい。母方の祖父は牧師です。こちらは賀川豊彦や親和銀行の頭取だった北村徳太郎と親友だった。実は、北村徳太郎がぼくの名前の命名者だった、なんてことも最近知りました。そんな家だったものですから、高校時代から親父に連れられて「ノア・ビル」を見に行ったりしていて、早いうちから白井晟一建築は建築とはどういうものかを示す原イメージとなってもいました。親和銀行の銀座支店が出来たときに、祖父が北村徳太郎に招待されて食事をして帰ってきたときの感想を聞いた記憶もあります。ずいぶん立派な建物だったと言っていたような記憶しかありませんが。親父も白井晟一のことは特別扱いしていたようです。まあ、だけど、それはそれだけの記憶で継続性があったわけではない。ただ、そういう子供の頃の経験というか感触が、ずっと根づいていたとは言えると思います。

――二〇一一年に、『美術手帖』に「芸術の条件　白井晟一という問題群」を書かれました。その前年から群馬県立近代美術館を皮切りに「建築家・白井晟一　精神と空間」展が始まっていて、一一年の汐留ミュージアムでは岡崎さんもシンポジウムに参加されています。

心残りとしては、虚白庵を見に行けなかった、というのがあります。中谷礼仁さんにずっと取り次いでもらえるようにお願いをしていたんですけどね。結局出来ずに、二〇一〇年の五月に解体されてしまった。その直後に、汐留のシンポジウムの準備でようやく白井昱磨さんに紹介してもらった、という経緯があります。そのときに、自分の考えを少しまとめて書いておかなくちゃいけない、と思ったというか、「白井晟一という問題群」を書いたのはその頃で、ぼくなりに白井晟一の建築が持つ特殊な意味が分かってきたときだったとも言えますね。白井晟一だけじゃなくてね。例えば、画家の熊谷守一にしても、ぼくが関心を持ってきた作家というのはちょっと特殊なところがあります。守一は晩年ずっと家にこもっていた。一九七七年に九七歳で亡くなるんですが、脳卒中で倒れてから最後の二〇年間は池袋の小さな家から出なかった。自然を愛した、なんて言われている人ですが、家から出ないで夜中じゅう起きていて、昼に寝ていると奥さんに起こされるから、庭に深い穴を掘って昼寝していた。夜通し電灯の下で起きていて自然を愛している、というのも変な話ですが。白井晟一とある意味で似ている。この二人が似ているなんて普通は誰も思わないけど非常に似ている。一見蟄居しているようで、国家、外交の中枢にも関わるような情報に通じていたところなど。

そういう、ぼくの好きだった作家たちというのが、単に人柄の問題ではなく、思想というか世界との関わり方においても、さらには、そういう人たちを生み出した時代背景の文化的なネットワークの中で、全部実は関連があったということに、だんだん気づいてきたということがあります。それで、一つ解き始めると、いろいろと面白いくらいに繋がっていった。それはイサム・ノグチについても同様ですね。かれらしか理解できなかった秘密というか、言うに言えなかったものがあるということが分かってきた。

――「白井晟一という問題群」が発表されたときは、白井晟一が一九八三年に亡くなって、三〇年近く経っていきなり本格的な白井論が書かれたという衝撃がありました。岡﨑さんは建築ジャーナリズムに早くから関わられていますが、二〇一一年以前に白井晟一について書かれたことはあったのでしょうか。

直接的にはなかったような気がします。そもそもいつから建築批評を書き出したのだったか……。

宇佐美圭司がぼくの先生にあたるんですが、かれが文章を書くときに話し相手になったり手伝ったりしたということが若い頃にあって、そういう意味では美術作品を発表するのとほぼ同時に文筆することにも関わっていました。宇佐美さんは原広司や象設計集団なんかと繫がりがあったから、父親や兄の関係のみならず建築界との関わりは若い頃からありました。ただ実際、ぼく自身が世に出るのは造形作家としてのほうが先だったと思います。

ぼく自身が書いた文章だと、建築関係より詩や文学、思想に関わるところから先に発表しています。これも変な話なんですが、美術家が書いた文章として読まれるのではなくて、文章は文章として読まれて、美術は美術作品として見られて、なかなか両方が一致した評価というのを受けて来なかった。いまでも建築界とか文学とかの人は、ぼくのことを評論家だと思っている人が多い。

建築に関わる文章は、いつから書き始めたのだったか。磯崎新さんとは例外的にまず美術作家としてぼくがデビューした頃に作品に注目していただいて、そこからの付き合いになります、かれの伴侶であった彫刻家の宮脇愛子さんと一緒に展示を見ていただいたのが始まりですね。

八〇年代の終わりぐらいにYKKがやっていた「建築家会議」というのがたしかあって、隈研吾さんは一つ年上ですがACC（アジアン・カルチュラル・カウンシル）というグラントで同期で知り合いましたが、かれがコーディネートした会に呼ばれるようになり、建築のことについて書くことが増えていった。そう、八〇年代の終わりですね。

それより以前にも、本当に短い文章や口頭だけの発言はありました。覚えているのは、八二年か三年に、丹下健三やMITのニコラス・ネグロポンテが参加した科学技術と芸術に関わるシンポジウムが福島で開催されたことがあります。福島で開催されたのですが、どこがスポンサーだったのか分からない。もしかして東京電力だったかもしれない。そのとき、宇佐美さんのスタッフとしてついていったんです。美学者の今道友信や哲学者の大森荘蔵など、そうそうたるメンバーが出ていたのですが、それぞれがスタッフを一人ずつ連れて来ていた。大森荘蔵のスタッフが佐々木健一さんで、ほかにも佐々木力さんや三島憲一さんがスタッフでした。そんな中で、宇佐美圭司のスタッフがぼくでぼくだけ大学に属さず、一〇も歳が離れている人たちと同宿だったわけです。そこで、それこそ昨今の原発の議論にも繋がる、テクノロジーと芸術との関わりについての議論を、あの五色沼でしたんですね……五色沼は非合法時代の共産党が大会（日本共産党第三回大会、一九二六年）をやったところだということをどういうわけか知っていましたから、妙に感慨深かったですね。音楽家のヤニス・クセナキスが、亡くなる直前でしたが、来ていました。ぼくが二七歳くらいのときですね。まあ、ぼくは得体の知れない若造として、なんとなくそういうところに目撃者のようにいることができました。ゆえに自由なポジションから発言することもできた。原発に関しての批判的関心というのは、そういう流れの中で、つまり芸術との関わりある問題として継続してありましたが、一九八六年のチェルノブイリ事故のあと、ほとんど白井論に重なるような原子力エネルギーのパラドックスについて書いたことがありました。書評でしたけれど。それは、まだ「原爆堂」の解析までは進んでなかったにしても、ちょっと意識していました。イサム・ノグチの、おなじく未完に終わった通称「ヒロシマ・モニュメント計画」への関心もその頃、つまりノグチが亡くなった頃からですね。

□

「原爆堂」が今回のテーマであるわけなのですが、それだけで語ってしまうことはできない、とぼくは思っています。というのも、「原爆堂」にもっとも象徴的に現れているけれども、原爆というテクノロジーについて考えることには、建築そして芸術というもののもっとも根本的な問題が集約していると思うからです。

例えば自邸の「虚白庵」でも、ぼくはやはり白井晟一はロシア神秘主義のヘシカズムに向かったと考えてしまうのですが、つまり光は内側を満たす媒体＝精霊のようにあって、だから暗闇の中で祈っていると光が内側から満ちてくる。「虚白庵」の平面プランはそのまま、ロシア正教会の八端十字架を重ねた恰好になっています。光は外にあるのではなく、内側にあるという、だから「日光」の書とキリストが光に変容する「イエスの変容」のロシア・イコンが掲げてあったのだと。その自邸から遡って、「原爆堂」までは一本の志向性で語れると感じます。つまり建築は決して何かから隠遁するシェルターではない、モデルとして重要なのは、内側に沸々とエネルギーが沸き起こり、その流れ、代謝が自律的に維持されているような機構です。つまり建築自体が生命体、オルガニズムである。これはぼくにとっての住宅の理想でした。建築そしてそこに住む人たちが自律するには、こうしたエネルギーの自律系が確保されていなければならない。

その意味で、「縄文的なるもの」で白井が江川太郎左衛門について書いているのは重要だと思います。表向き主題となっている江川邸（韮山館）は伊豆韮山の江川太郎左衛門（江川英龍）の住宅です。白井が書いた、そのガランとした空間の魅力を理解するためには、江川が日本ではじめて反射炉をつくった人でもあったということを考えなければならない。白井の「縄文的なるもの」は「西洋人が二〇グラムのダイナマイトで小鳥を射落す。日本人は目をみはりつづけてきたのである」と始まります。すごい書き出しだと思います。ダイナマイトの話から始まる。なぜここから始まるのかは、海外からの脅威に対抗して大砲を自力生産するために江川が建てた反射炉のことを想起すればすぐ分かります。実際、江川反射炉の見かけは、いわゆる白井建築の印象そのものを想起させるものですが、おそらく白井は江川邸に内包された大きな空洞に反射炉の内部空間と共通するものを見たのでしょう。そしてもちろん、この文章の書き出しのダイナマイトという語をそのまま原爆に置き換えてみれば、この文に書かれていることは、「原爆堂」の設計とそのまま繋がっていると考えられるのではないか。

フランスの一八世紀、啓蒙主義の時代に『人間機械論』を著したド・ラ・メトリが人間の身体そして精神を溶鉱炉などの機能系列＝器官をモデルにして考え、ジャン＝ジャック・ルクーはさらに建築も人間、動物などの身体同様、溶鉱炉などの内部器官の束として思考しました。白井晟一の建築に対する考えは、こうした器官的な思考の流れにあると思います。情念（後のフロイト流にいえばリビドーですが）をエネルギー系と連動したものとして考えれば、ルクーの後に来るシャルル・フーリエが考えたように建築は思考までをも制御する有機的機関となる。

内部器官というのはインフラとなりますが、商品的なパッケージ、意匠しか結局は主に扱えなくなってしまったいまの建築家とはだいぶちがう。いまでは設備は建築家の仕事ではない、と考えている人も多いし、実際仕事が分化していますね。

しかし一方で、むしろ意匠としての形態しか扱わないと考えられてきた彫刻家は二〇世紀になって建築とは異なる展開をしてきています。ヘンリー・ムアにしろ、バーバラ・ヘップワースにしろ、ジェルメーヌ・リシェにしろ、ジャコメッティにしろ、外側に現れる形への疑いと内臓的なもの、内側に流れる力を捉えるのは二〇世紀以降の彫刻にとって共通の問題群となってきていた。イサム・ノグチも同様です。その意味でイサム・ノグチにはもともと、白井と繋がるものがあったとも言えます。形態をスタティックな死んだものとして扱うのではなく、変容し続け、死と再生を繰り返す有機的、動的過程にあるものとして考える。そこで形とはエネルギーの交換、新陳代謝がおこなわれる、いわばインタフェースのようなものです。

そう考えればノグチの「ヒロシマ・モニュメント」と白井の「原爆堂」に共通するもの、共通する関心があったのは当然のようにも思えます。このような物質の不安定な過程、生きた過程を無理に固定し囲い込もうとするのが人間の理性の傾向であり、それが生み出した政治的な制度というものである、二人ともこうした発想への批判があった。そしてこうした理性批判は二人に留まらず近代哲学にあった普遍的な批判の核心にあったと思います。

だから「原爆堂」を通して読み取れる思考は、単に原子力に対する批判には留まらない、原子力が危機的に生命を脅かすとかコントロールを超えるものであるということは、逆に言えばそれをコントロールしようと考える人間の理性こそが不安定で無期限に有効性を持つものではないということこそを意味している。なぜならば理性もまた身体、物質に規定されているからです。つまり生命の不安定性をそのまま属性として帯びている。コントロールできないというのは、コントロールされる対象とコントロールする主体のセット自体が固定されていないということでしょう。主人と奴隷の弁証法みたいなものである。対象、つまり奴隷こそが主人の立場を安定させて見せてくれるにすぎない。そういうイメージが白井晟一にはあったのではないかと。

その意味で白井晟一は陋巷建築の仕事だけをするのが自分の宿命のようだと言っていたけれど、実は教会のような聖なる場所こそ陋巷の場所でなければいけない。つまり生活の発生する場所でなければいけない、と考えていたのだと思います。教会という場所を隔離してつくるのではなく、いかなる世俗的な場所であれ、教会に変容しなければならない。例えばそこで人がふと集まって祈り始めるならば、その場が発生すれば教会である。美術館もおなじでしょう。食事する場所、生活する場所に美術品はなければならない、あるいは美術館で食事がなされなければならない。ですからむしろ生活的な機能を持った場所が、その機能がピークに達しているとき、瞬時別の場所、聖なる場所に転換する。祈ることはこの働き、運動の最中に起こる昇華である。芸術作品でも言うまでもなく対象として、芸術があるのではない。こういう主体と芸術との間に生きた過程−連関が発生して、それが芸術と言われる。生物のおこなう物質代謝と芸術作品あるいは道具と人間の間でおこなわれる交換、伝達は同型だということですね。このやり取りがあるときに対象と主体の区分は成立しない。どちらも不安定であるがゆえに、双方の関係によってようやく、それぞれが固定してあるように立ち現れてくる。けれど、これこそ数学的な関係、演算可能性だとも言える。

□

建築が嫌いになったと冒頭で言いましたけれど、逆に言えば、やっと建築に対する自分の位置づけがはっきりしてきた感じもあります。なんだか白井晟一論じゃなくて自分の人生の話をするような感じになりますが……、要するに芸術と建築というとき、芸術の中に建築が入ってなくてはならないわけだし、もしくは建築の中に芸術が包摂されていると言ってもどちらでもいいのですが、これは二つに分かれるものではない。

イサム・ノグチに関わる人ですが、内間安瑆という版画家がいます。かれは恩地孝四郎をはじめとして戦前から続く日本の創作版画の仕事の可能性を把握し、それを欧米に結びつける役割を果たした人ですが、早稲田の建築科でうちの親父の親友でした。日系人ですが、アメリカで生まれて戦争中の一九四〇年に日本に留学して来ます。パールハーバーの直前です。

米国籍の日系人なので当然、ずっと監視化にあったはずです。一九四四年に建築家をやめて画家になる決心をしたという。戦後、進駐したアメリカ軍から嫌疑を受けることを怖れて、しばらくうちの親父が匿っていたと聞いたことがあります。熊谷にしても白井にしてもノグチにしても内間にしても、一つの文化圏というか政治圏に帰属しない、境界を行き来するような行動をしたことで共通性を持っているのですが、ゆえに戦争のような切断があると、かれらの活動も思考したものも理解できなくなってしまう。かれらの立場を了解できるように一義的に説明する言葉がないからです。

けれど進駐軍はすぐに内間を雇用して、文化部で主に文化的要人の通訳なんかをやらせていた。その頃に内間が通訳、技術的な解説を務めた、版画ブームの立役者でコレクターだったオリヴァー・スタットラーの創作版画の本『Modern Japanese Prints: An Art Reborn』(一九五六年)が出版されました。この本によって示された創作版画の可能性は日本では自覚されないものだった。内間が通ったロサンゼルスの高校の九年先輩にはジャクソン・ポロックがいて、内間は先行世代の抽象表現主義を乗り超える可能性を版画に見出したわけですね。版画では偶発的、即興的に見える効果も全部、計算しなければできない。複数の版を厳密に組み合わせて版画はつくられる。恩地や長谷川三郎、瑛九の仕事にそういう可能性を見たのです。この方法は後のケヴィン・リンチの都市計画の方法やジョン・ケージの図形楽譜なんかの方法と共通していた。実はポロックの絵も即興ではなく、瑛九が影響を受けていたモホイ＝ナジやハーバート・マターなんかのフォト版画の影響から発想が来ていたのですが。

内間安理は建築から芸術方面に移った人ですが、うちの親父は逆にもともとは絵描きになりたかった。絵描きのほうが向いていると自分では思っていたけど祖父の意向で建築に進んだ。建築と芸術のちがいというような議論はね、親父の中に葛藤として残っていた、まあ芸術をばかにしていたけれどね。けれど建築のほうが優れていると思っていたわけではない。建築はまさに世俗的、陋巷のこんがらがった問題に明快な解答を形態というか構造として与えなければいけない、というプライドはあったでしょう。まあかれはそれをセンスの問題だと考えていたフシがあったけれど。建築を通して考えると、数学というのは世俗的行為を含んだ演算の方法のように見えてくる。渋滞など諸条件の妨害がある中で最短の道筋を求めるような。版画も同様で即興的、偶発的な特殊解を、なおかつ計画的におこなうという、言葉にすると極めて哲学的な行為になりますよね。

ぼくが書いた「白井晟一という問題群」では、「原爆堂」の配置計画に核の分裂の図が重なっていると読み取ったのですが、正確に言えば主に三つの建築群の呼応関係に力学的、物理的な引力、斥力の均衡が感じられた。言い換えれば、複数の別の引力場の重なり合いが感じられたのです。白井晟一が天井照明の配置を決定するときに、豆を投げて、その偶発的な位置決定をそのまま採用するという方法などもそうですが、複数の版を重ねて、そこに偶発性と必然性を出会わせるという恩地や瑛九、長谷川そしてケージなどがやっていた方法を見るのも可能だと思います。

のみならず、白井晟一は実際に義兄の近藤浩一路が岡本一平と親友だったことで、岡本太郎と交流があっただけではなく、この二人は一九二〇年代末から三〇年代はじめのパリで出会っているのですが、そこにはイサム・ノグチもいた。実はノグチはヨーロッパにいるときに縄文に興味を持ち始め、研究し始めているのですね。縄文と言えば、おなじ頃、中谷宇吉郎の弟で、最初に縄文の充実した研究をおこなったことで知られる文化人類学者の中谷治宇二郎がパリに滞在し、マルセル・モースの研究所に所属しようとしたら、モースから「おまえが縄文の研究をした中谷か」と言われたという。つまり縄文文化は当時、治宇二郎の研究をきっかけにしてパリの文化人類学周辺では大きく注目されていたのですね。ジョルジュ・バタイユのやっていた『ドキュマン』という雑誌にも取り上げられています。だから少なくとも岡本が縄文の専売特許を持っているわけではないどころか、岡本や丹下が、まっさきに縄文文化を研究し始めたノグチを弥生だとか戦後に攻撃し始めるのは不当である。まず治宇二郎がいて、白井やノグチ（ノグチと白井は同世代です）がいた。かれらはパリでおなじ文化の中にいたわけです。年下の岡本はそれにくっついていただけでしょう。

いずれにせよ白井晟一のバックグラウンドは日本の建築の世界で語られているような建築の文脈だけでは理解できない。それは欧州でのかれの活動で明らかですが、他にも村山知義とかその義理の弟との交遊もある。そもそも村山知義は石本喜久治の留学以来の親友でしたし、村山、石本の建築にも器官＝機関的な発想が核心にあった。村山知義は建築と演劇と美術、文学を通して、人間を一つの可塑的、組み替え可能な構築物として考えるという思想がありましたが、その意味では白井晟一も渡欧の前から演劇に関わっていた。京都高等工芸学校時代の先生に本野精吾がいますね。本野は劇団をやっていて、白井晟一がそこで中心人物として活躍していたらしい。そんなことを京都工芸繊維大学の笠原一人さんから教えていただきました。本野精吾との関係はいままでほとんど語られて来なかったですが、笠原さんがそのあたりの事情をいろいろ教えてくれたんです。

昨年、豊田市美術館で「抽象の力」という展覧会を開催して、そこではゾフィー・トイベル＝アルプや建築家でコレオグラファーであったルドルフ・フォン・ラバンなどのウィーン美術学校からダダイズムへ連なる流れが一つの柱になっていました。身体行為と建築は相互に規定し合い、機能的に連関する過程として捉えられていた。同時代の村山との関係は明らかですが、本野精吾の仕事も同時代でここに繋がっている。白井はこういう同時代性を背景に持っていたのではないか。インターナショナルなアヴァンギャルド芸術の震源地の一つはウイーンでしたし、京都はそこと繋がっていた。文化的な総合性を考えると東京帝大なんかよりはるかに先端的だった。

——白井晟一自身は、美術や演劇界との関わりについて話しませんでしたし、書いたものも残していません。京都学派の西田門下の人たちや戸坂潤といった哲学方面との繋がりについては多少残していますが……。

なぜでしょうね。でも白井の肖像写真を見ると、俳優と見まがうような格好をしていて、ピアノもちょっとできた。おおいにモテたでしょうね。俳優として活躍したということは大きかったんじゃないでしょうか。俳優として劇団でかなり重要な役割を果たしていた、というのはたしかなようですよ。欧州時代のアクティビストというか人民戦線に関与した活動は、こういうことがベースになっていたのではないかな。

あとは京都で言えば、中井正一周辺との関係ですよね。中井は深田康算の直系ですし、つまり美学、美術論の流れですね。一方で中井たちは「フランソア」という喫茶室で『美・批評』(後に『世界文化』と改題)、それから『土曜日』という文化雑誌を出していたでしょう。京都で出ていたその文化雑誌と、ベルリンで白井晟一が関与していた、人民戦線がカモフラージュとして文化情報誌を装った『伯林週報』というのは内容がリンクしていたと思います。雑誌の性質はまったくおなじです。いまはもうなくなってしまいましたが、『ぴあ』みたいなものだったのではないでしょうか。いまどこでどんな映画をやっているかとか、そういう情報誌だった。林芙美子との関係も、俳優で文化青年であり、かつアクティビストとしての若き白井の活動を考えたら理解できる話ですよね。

——戸坂潤からの影響についてはどう考えますか。

科学哲学批判としての戸坂潤、田邊元あるいは三枝博音などの思考の影響は考え方の基本としてもちろんあったのだと思いますが、もっと具体的、実践的に使える思想的背景としてぼくがいちばん注意して見ようとしてきたのは賀川豊彦との関係です。白井が日本に戻ってから近衛文麿の昭和研究会に入って、そのあと北村徳太郎や賀川豊彦と出会ったのだと思います。北村との関係は近藤浩一路を通してかもしれません。白井がセツルメント運動に参加するのは昭和研究会の後ですが、日雇い労働者街である山谷での孤児の救援活動は、もちろん賀川豊彦の活動を基に展開したものでしたから。昭和研究会に関わった人の多くがその後、ゾルゲ事件に示されるようなスパイの嫌疑などで活動が拘束されていくのに対して、白井だけはそういう政治的嫌疑から逃れられたように見える。パリとベルリンを行き来し人民戦線、反帝グループに関わる活動をしていたにもかかわらず、白井のみがすっと身を引くことができたのは不思議です。監視され続けていたのは当然でしょうが、賀川、北村などの突出した個性を持ったプロテスタント活動（後には世界連邦運動）との繫がりが出来ることによって、うまく表向き政治的なものから隠れることができたのではないか、とぼくは考えています。表向きと言ったのは、このグループたちの活動はもっと世界史的な広がりと一〇〇〇年単位での時間の長さの戦略でなされていた政治的な改革運動だったと言っていいからです。戦前、戦後直後までの賀川豊彦の影響力はとんでもなく大きいものでした。賀川は大学で修めた生物学とエンゲルスの経済学、つまり唯物論を神学に結びつけようとしていました。そのうえでジョン・ラスキンの翻訳、紹介者として建築理論を書いたりもしていた。戸坂潤などの影響があったにせよ、そこからぽんと飛んで見える白井の行動が、賀川豊彦の思考と活動、あるいはそれに随伴した北村徳太郎の謎めいた活動を入れるとよく分かってくるように思える。

白井のエッセイ「めし」には、例えば「犠牲」などの言葉が頻出しますが、賀川豊彦の思想を背景に読むと、はじめて意味が分かってくるように思います。賀川は若い頃、貧者のための「一膳飯屋」を創設して、シャレで「メシや運動」なんて言っていたくらいですから。「イエスは、同じテーブルでめしを食ふことに、彼のメシヤ運動——宗教運動に於て最も大切な位置を与へられたのである」と。戸坂潤たちはエンゲルスの自然弁証法を読んでいたわけですが、その自然弁証法を賀川豊彦の『生存競争の哲学』がさらに展開させた。動物が敵の肉体を食うと、その敵の肉体によって自分の身体が構成されることになる、これが唯物論的な意味での弁証法なんだと。生物のメタボリズムに弁証法をみる発想は戸坂たちよりも前に賀川にあった。『生存競争の哲学』で「凡てが爆発である。（……）それは内側からの爆発だ！　物と物との衝突や競争だけの問題では無い。衝突も競争もその爆発の一齣だ！」と書いた賀川を後の岡本太郎はパクっていたわけですね。世界的にはいまでも賀川はよく知られた日本人の一人です。『死線を越えて』という大ベストセラー小説を書き、ノーベル文学賞に二回、平和賞に三回ノミネートされ、かつては大変な影響力を持っていましたが、現在の日本では宗教家であるということからか、その思想が過小評価され、盲点になっています。例えば一九四六年の白井の「三里塚農場計画」は近藤浩一路から賀川豊彦さらに北村徳太郎という繋がりがなければ、あり得なかったのではないでしょうか。三里塚（千葉県成田市）に戦後農場を開いた農民たちの多くは、賀川たちが満州に送り出したキリスト教の開拓団、これは国家戦略に迎合したように批判されてもいるところですが、そのキリスト教満州開拓団が三里塚に引き上げてきた。

――政治活動に絡んでいた時期もあったようですが、そういうことも書き残されていません。

満州開拓団に送り込まれた人たちが開墾し始めた満州を追われ惨憺たる苦労で引き上げ新しく与えられたのが三里塚で、ここを二〇年かけてようやく開墾できたと思ったら、また空港建設で取り上げられることになった、というのが三里塚の歴史ですが、白井晟一はそういう事情も知っていたはずです。有名なクリスチャンの抵抗農民だった戸村一作は彫刻家でもありましたが、農場計画の頃、白井と会っていたのかどうか。さきほどの内間安瑆でもイサム・ノグチでもそうですが、こういう複雑な政治的な駆け引き、力学の中心で翻弄され、サバイバルしてきた経験を持つ人はだいたい口を開きませんね。沈黙している。さらにキリスト教などの宗教の歴史は世俗の政治による弾圧、抹殺の歴史のようなものですから、現在だけではない一〇〇〇年以上の単位で抵抗を考えているところがある。カタストロフといっても原爆だけではなく、原爆はより大きいカタストロフの連続の一つとして受け取られる。最初の目標地点だった小倉から急遽変更されて、長崎に、そしてその場で目標と定められたのが浦上天主堂だったという長崎の原爆は複雑です。その前にキリスト教徒の迫害、虐殺の歴史があったところですから。

「原爆堂計画」が発表され、受け入れる場所も資金源も未定のままでいたときに、まもなく親和銀行本店の計画が始まりましたね。そして白井も半ば認めているように、そこに「原爆堂」のプランが受け継がれているように見える、というのは重要だと思います。「原爆堂計画」は広島ではなく長崎で表向きは銀行という世俗のかたちで受け継がれた。実際は、それは単なる銀行ではなく、北村徳太郎は信仰のための集会場として使ってもいたのです。いちばん手前の入り口にあるＶＩＰ室から、「原爆堂」で言えば中央のシリンダーに当たるエレベーターを上がったところが集会室になっている。長崎という場所では、まさに原爆投下は原爆だけに留まらないカタストロフの一つとして受け取られたのですね。広島では目標になった原爆ドームはモニュメントとして残されたわけですけれど、長崎では信者たちが浦上天主堂を残さない決断をした。教会を残さない、ということは教会を否定することではないはずです。むしろ教会を一人ひとりの日々の暮らし、精神の中に内在化させ、遍在化させることを意味するかもしれない。カタストロフを外在化して記念碑として留めることではなく、内在化させることと「原爆堂計画」、親和銀行の思想とは繋がっています。

カタストロフが生じてしまう危険、不可避性は人類全体に組み込まれているプログラムであって、それとどう向き合うか、付き合うか。黙示録そのものを生きる、というところが「原爆堂」のプロジェクトにはあるように思えます。

——「原爆堂計画」の後の「縄文的なるもの」「豆腐」などのエッセイがいか

に「原爆堂計画」と繋がっているかということを、岡崎さんがはじめて書かれたわけですが、その二つの文章は、あるいは「めし」「華道と建築」なども含めて、表向きには伝統を扱っています。そこでしばしば「日本的創造」という言葉が使われます。その頃につくられた「原爆堂」以外の建築からは、どういうかたちで日本の新しい伝統を考えていたのかということが推測できます。ただ「原爆堂」だけはまったくちがうように見えます。建築の形としては「日本的創造」と直接は繋がらない。

「日本的創造」という言葉を考え詰めると、日本というものが先行してあるのではなくて、いかに「日本」を再創造するかというか、きつく言えばいかにでっちあげるか、ということこそが、その語に対応するものだということに気づかされると思います。日本という国家がまず前提として先行してあって、それが存在する理由、それを必然とするアイデンティティを後から探そう、創造しようという手順になっている。そもそも近代に形成された日本という国家が、明治維新、西南戦争と国民同士が殺し合う内戦の結果生まれたものだという意識を持てている人といない人がいますが、日本という国家こそその意味で、近代に血なまぐさい過程を経て創造されたものですよね。その過程は抑圧、隠蔽されて意識されなく、見えなくされているけれど、まだ続いている。また遡れば、縄文以来の古代より、ずっとその殺し合いの歴史は続いてきた。そんな抑圧の過程があったのに、いまでもその不均衡、非対称的な支配は続いているのに、日本という一つの言葉で安易に代表していいのか、ということはありますね。高橋由一や岸田吟香、夏目漱石くらいまでの人はこういう過程を体験もしたし常に意識していたと思います。

漱石の『こころ』では乃木希典の殉死が一つのモチーフになっていますが、乃木は西南戦争で政府側につき、自らの親族たちと戦った、つまり親族たちを裏切った思いがあり、さらに官軍の旗を盗まれて新聞で避難轟々浴びている。そのときに自分の息子が死んで世論が収まるけれど、息子が身代わりに死んでくれた、というような思いがあり、自死を試みる。旅順でも二〇三高地の攻略の不備で世論の非難を浴びる。何度も自殺を試みているのですが、そのたびに明治天皇が思い留めた。明治天皇は乃木に頼っていた。いわば明治維新に明治天皇は担がれて利用されていたわけですね。乃木は明治天皇から、俺が生きている間は死ぬなよ、と言われていた。その天皇が死んだので、生きている理由がなくなって切腹したわけでしょう。乃木が持っていたような、裏切りによって成立した明治日本を生き延びてしまった人の後ろめたさ、それが夏目漱石の『こころ』の主題だった。漱石自身も、自由民権運動が弾圧され、帝国議会、明治憲法が成立し日本が国家として成立する過程で、同世代の北村透谷たちが自死したことに負い目を感じていた。

透谷たちが活躍していたとき、漱石は松山でのうのうとしていた。大正になって若い世代がイギリス帰りの漱石をモダニズムのヒーローにし始めるわけだけど、漱石は後ろめたさを感じていた。おなじように洋画の世界でも、帝国議会、明治憲法が成立する頃、かつて幕府の蕃所調所画学局の流れにあった工部美術学校は閉校され、画学局の同僚だった川上冬崖が地図を流出したという不可解な嫌疑——陰謀だと思うのですが——をかけられ自殺に追い込まれるんですね。明治維新によって、少なくともそれに参加した士族たちにとっては、共和国が誕生するはずだった。それが裏切られた。それが自由民権運動に繋がったわけですが、自由民権運動の弾圧は明治維新の欺瞞そのものを示している。西南戦争は世界史的にみて南北戦争とおなじ意味を持っていたけれど、結果はちがった。このように実際に画家や文学者にいたる人たちまでが近代国家が成立する過程の内戦に巻き込まれ犠牲になっている。元士族階級で明治維新のこうした顛末に絶望しクリスチャンになった人も多かった。日本と言うときに、その日本の成立にこうした過程があったことを想起できる人とできない人では大きくちがうと思います。

白井晟一の建築を嫌う人は多くいますよね。たしかに白井晟一の建築は南蛮くさいかもしれない。しかし「呉羽の舎」などの住宅を見れば白井晟一はきちんと日本住宅の作り方を分かっている。が、バタくさいと言われるのは、そこに千利休や韮山の江川太郎左衛門とおなじ、文化的抗争の臭いが残っているからではないか、と思います。それが南蛮くささ、です。

明治維新のはるか前から、日本にはたびたび、こうした血なまぐさい内戦があり、それは文化的な内戦でもあって、それが建築や絵画の形式にも刻み込まれている。これは磯崎新さんも言っていることですが、重源はいわゆる日本的かというと日本的ではないでしょう。白井晟一が「縄文的なるもの」と言っていたのは、伝統に内属しない、もっと大きな気宇みたいなものですよね。

一昨年かな、京都の萬福寺（宇治市・黄檗宗大本山）に行ってきたのですが、白井晟一の建築と非常に繋がりがあると感じました。圧倒されましたね。まったく空間の作り方がちがう。崇福寺など長崎の中国禅寺にもいくつか行きましたが、やはりもう、まったくちがう。そもそも宗教的空間は世俗の支配を断ち切るところでしょう。長崎で耶蘇が弾圧されたとき、中国禅寺はかれらが逃げ込める場所の一つでもあった。こうした弾圧、抵抗、内戦という血なまぐさい過程の上で、キリスト教のみならず、茶道も禅も成立していたと思うのです。それを抜きにして見ることはできない。萬福寺に行って白井晟一の書がよく理解できました。つまり隠元の書の流れである。看板の字みたいだと言う人がいるけれど、魔除けなんだからそれでいい、書の機能はそれなんですね。邪を撥ね除ける力、ファサードなんですね。

――一九五〇年代、敗戦後の状況の中で、元気を鼓舞する気持ちというのはおそらくみんなにあっただろうと思います。白井晟一の場合はそれが、新しい日本、欧米にくっつくのでもなく、日本の伝統的なものをちょっと変えたり新しくしたりするのでもなく、何かそれとは別の、拠り所にできるような日本というものを考えていて、それで「日本的創造」なんていう言葉を使って論じた。

本質的な意味でまさに拠り所ですね。栗田勇監修の『現代日本建築家全集』(三一書房)で草野心平と対談しているのを読んでいても、白井が言う日本というのは、どうも普通の人が安易に言う日本とはちがいますね。ぼくなんかは丹下健三がいちばんいわゆる日本的な、水で薄めたような公共建築のモデルだと思っています。一方で、例えば黒澤明の映画の中に出てくる日本の建築の構えはずいぶん印象がちがう。普通よく言われているような、可変的なしつらいに建築が連なった流れるような空間というようなものとはだいぶちがう。白井晟一の建築はむしろ黒澤の映画に出てくる野武士の砦のような建築に通じる。つまり戦さが前提になっている。そういう建築の佇まいを感じます。

――「日本」ということの意味する内容がどうだったのかということがあるにしても、やはり日本というものへの逃れがたい何かがあったように思います。例えば「豆腐」の後に「めし」を書く。なんで「めし」だったのか。

まさに「メシや運動」の「めし」ですが、その中に出てくる、飯が入れられた「櫃」はアークでしょう。「母の犠牲」なんていうのも、これは全部キリスト教のメタファーで書いているわけですね。そうすると逆にかれはもっとも日本的なものの中にも、こういう異教との出会い、さらにはそこにあった弾圧や抵抗運動の影を見ているわけで、そのうえで「母の犠牲」と書いた。白い飯にこういう意味が含まれる。あるいは純粋に見える豆腐の形態に不安定さを見出すのは、つねに戦場を前提に書いているのだと考えればよく分かります。戦さの只中で、もし形の崩れない豆腐が食事に出されたと考えたら、それを成立させた行為の困難さこそが際立つはずです。白井の書いていることの意味がよく分かる。そういう、現在では非日常的に感じられる状況、コンテキストの中に、日本の伝統が成立してきたことを考えさせるところが白井晟一の思想の迫力ですね。生と死を分かつ決断みたいなものがそこに含まれている。だから、あえて白井の中に日本的なものを見出そうとするならば、これはもう武士道でしょう。でも戦後の普通の日本人が考えると、そういうのは出てこない。三島由紀夫なんかよりよっぽどいつでも死の覚悟がある。そういう文章です。「めし」も「豆腐」も。

——利休については、切腹に至るまでの権力との葛藤を批判していますね。

切腹死によってしか到達できなかったことを批判しています。

そういう覚悟がある、ということでしょう。

――川添登の白井論が建築の世間的なイメージに強く影響していた時期がありますから、それでなおさらなのでしょうが、白井晟一はどちらかというと革新派左翼として捉えられています。でも文章を読んでいると逆の印象を受けますね。何というか……

国士的。

――そう、国士的なところがあります。単純なかたちでの革新とはちがっていました。

やっぱり武士道だと思います。内村鑑三、そして新渡戸稲造にも通じますね。実はぼくの曾祖父も元新撰組の隊員だったんです。でも、とうとう人は一人も斬らなかったという。そしてその経験からクリスチャンになる。曾祖父は高橋由一たちとおなじ世代でした。先ほどから話している祖父はクリスチャンになってから、その曾祖父の婿養子になった。やはり明治維新という内戦の過程を経て、武士道、キリスト教という繋がりはよく言われるように、やっぱりあったと思うんですね。

――そういう精神性というのは戦争があろうがなかろうが、ずっとそうだったとも言える……

国家というものとの関係を考えれば、ずっと前からそうでしょうね。戦争の根拠は自衛権にあるというのであれば、その権利は国家にではなく、個々人にまず与えられているはずです。それを代理するのが国家である、国家が自衛権を行使するのは市民に与えられた権利によってはじめてオーソライズされるわけです。だから国家は国民を守るという大義を捨てるわけにはいかない。常に国民を守るためにとか言い出す。そうすると個々人がまず自律している必要がある。もし逆に国家が個々人の存在を否定し、その人権を破壊するものとして現れるとき、だから個々人はそれに対して抵抗する権利を持つ、それが世界基準の普遍的な権利としての基本的人権に含まれています。国家がもし個々人の生存権を脅かすならば、それに抵抗して自分たちを守る権利がある。自己の陶冶はまあ武士道の基本に通じるものですよね。自衛というのは国民が自らを守る権利に依拠している。

明治国家の成立に起こった裏切り、抑圧、欺瞞という切断は戦後日本の成立でも起こった。で、明治で起こったように、その切断、抑圧は文化においても直接的に反映していたと思います。村山知義とか白井晟一とか戦前の世代は戦後世代の新しい日本を代表すると称する人々によって、いわば切り捨てられたわけですね。

要するに国家という擬制に裏切られた。別にぼくは三島由紀夫を賛美するわけではないけど、戦後の民主主義なんて、すべてが見通しよく平板になったという安易なストーリーを使って、過去の事件も議論も過ちもご破算にして隠蔽抑圧、忘却し、一方でそれをカモフラージュに戦争を引き起こすにいたった権力構造自体はそのまま温存し、ほしいままに使う。高度成長から原発推進までその構造でやってきた。まあ建築で言えば丹下たちの世代がそれに乗っかっていた。もう問題は解決した、平和なんだと欺瞞を喧伝し、実際継続している政治的不均衡には目を塞いでいる。その欺瞞に向き合うにあたって三島由紀夫は完全に乃木をなぞっていたのでしょうね。だけど実際は、乃木は日露戦争の後に学習院の長になって、大正になると、海水浴場で遊ぶハンサムな好々爺風の写真が知られていた。みんなが唖然としたのは、切腹をした日の朝に軍服を着て老眼鏡をかけて新聞を読んでいる写真が残っている。テーブルの上にトーストかなんかを置いて、奥さんと一緒に写っている有名な写真です。大正はまさに直前の明治までの葛藤が忘却したポスト歴史の時代だった。それを乃木も演じていたわけですね。そんな写真の中の好々爺がまさかその三時間後にそういうことをするとは思えない。学習院に行っていた志賀直哉や武者小路実篤など白樺派の人たちをはじめとして、当時の大正文化を謳歌している人々は、こんな大正モダンのノンキ親父が時代錯誤になんで切腹なんかするんだ、と白けて見ていたらしい。これが当時も一般の反応でした。そのズレが戦後そして、いわゆるポストモダンと繰り返されているんですね、要するに歴史は終わったと、ノンシャランと歴史を忘却してしまう態度が反復されている。戦後の建築家は、実際は屍が累々たるところに、それを忘却させるようなプランをつくってきたわけだから。それは相当、驕慢か無恥でないとできないですよ。

——建築家の体質の中にそういうところがあるようにも思えます。戦争があろうとなかろうと、戦前から戦後まで全部モダニズムなんだというような無反省というか、影響を受けないというか、そういうところがあるのかもしれません。

それがまさに東日本大震災後、原発事故がまったく収束どころか、放射性物質の流出も手に負えない状況が続いているのに原発再稼働を訴えたりする感性とも通じているように思えます。そういう瓦礫と屍が累々と堆積した場所を平地にならし、ぱっと明るく開けた空間をつくるというのは、みなが求めていたことかもしれませんが、その見かけ上の見通しのよさには欺瞞も感じます。いま現在の都合と見かけだけが先行している。

が、白井晟一やイサム・ノグチのプランには、そういう過去や未来を現在という平面に平坦にならしてしまうという浅薄さがない、その反対です。現在に消化できない、穴を穿っている。なぜ時間をならしてしまうプランで平気なのだろう。畏れがない。それを抑圧して平気であるのは建築家だけの共通項なのか、政治の反映なのかとたしかに思ってもしまいます。

けれど一見、過去を否定して、大正モダンののんきな時代に同化して見えた乃木が、最後の最後に切腹をする。漱石の『こころ』の先生もそうですね。そういう歴史を知るゆえの負い目があり、それを問題として解くしか、前に進めない、ものをつくれない。白井晟一にはそれがずっとあったように思えます。日本の闇を見据える同行者はもういない、と白井が亡くなったときに前川國男が言っていますが、二人は同年齢ですが、この世代はそれを分かっていた。

――白井晟一が死んだ後に、追悼文で前川さんが書いた文章ですね。感動的ですけど。でも、白井晟一に闇があったとしても、前川さんの闇とおなじものであったのかどうか。見ていた闇はちがったんだろうという気がします。

まあちがうでしょうけれど（笑）。

――前川さんは戦争中にいろいろあった。自分の意思と反するようなこともせざるを得ない、そういう立場だったこともある。白井晟一はそういう境遇を戦争の前後に経験していない。それが幸いであったのかどうかは別の問題ですが。

けれど簡単に解きほぐせない歴史の事情、犠牲を見てきたし、知っていた世代ではありますね。少なくとも白井晟一のパトロンでもあったと言える北村徳太郎という人は闇そのものですよ。海軍と付き合っていて、佐世保の親和銀行は海軍で儲けたわけでしょう。戦後はアメリカ軍と取引し、にもかかわらず実際はロシアとも民間貿易をしていた。白井同様に、かれはソビエトで正教徒が大変ひどい迫害をされているのを見て衝撃を受けた。「懐霄館」にロシア・イコンが展示されている部屋がありますね。そこに、ロシア・イコンと一緒に隠れキリシタンのマリア観音が並べてあります。漆塗りのエレベーターで、ロシア人をそこにまずまっすぐ連れて行ったらしい。マリア観音があるのは、迫害の歴史を共有するためだったのでしょう。北村が考えてきたこと、やってきたことは、戦後史から見ればまったく闇そのものになっていると思うんですよ。賀川と一緒に世界連邦を推進してもいた。当然メイソンとも関わりがあったでしょう。例えば「ノア・ビル」にも北村の影が感じられる。白井は、ここはもともと意中の場所だったと書いていますから、その場所は建築の話が起こる前から知っていて意識していたということですよね。「ノア・ビル」はロシア大使館と旧海軍の交流会館、いまはフリーメイソンのロッジがある場所の間にある。つまり北村徳太郎のコネクションというか文脈そのもののまさに中心に位置する場所でしょう。

建設後、オーナーに玄関脇に大きな穴をあけられたときに、新聞に「ノア地蔵の顔のまん中」が壊されてしまったと批判を書きますよね。そこで白井は、もともとここに住んでいた人たち、つまり現在の市民じゃなくて、もっと幅の広い市民たちを相手にすることになるぞ、と啖呵を切っている。これは白井だけの言い分ではないでしょう。北村もみなそう考えていた。というか、白井も北村も現在目の前の市民だけではなく一〇〇〇年、二〇〇〇年くらいの時間スパンに関わった、すべての市民の立場、思いから現在の仕事を考えている。

——川添さんが書いていたのですが、白井が親和銀行のプランを考えているときに、いろいろ模型をつくったりしているところを目撃した。キャンティレバーの模型の横に、四角い台の上に円筒を立てたような、そういうものがあったと言うんです。正確なことは分かりませんが、つまり、「原爆堂」にも二つ案があったのかなと思うんです。あるいは、こういう四角いところに塔を立てて、それをぐっと押し込んだら実際のプロジェクトになったのかもしれない。それは分からないんですが。ただ、四角い台の上に円筒という造形は、いわば「ノア・ビル」に引き継がれるもので、塔は楕円になって土台はああいう中世的なものに変わりますけれども。台があって、その上に筒状のものが乗るというのは早い段階からあった。岡﨑さんは「原爆堂」のSF的なことを書かれたわけですが。「ノア・ビル」もかなりSFチックな造形です。

SF的という意味で言えば、端的に「ノア・ビル」は『二〇〇一年宇宙の旅』のモノリスのようなものでしょう。あのモノリス自体は極めて宗教的なものです。ぼくは、「ノア・ビル」は本当に「キリストの死への勝利」というイコン図像そのものだと思っているんです。墓から甦ったキリストは、冥府（墓）に下って死者を復活させて、甦る。イエスは人間の姿を失って光のフラグメントになる。バラバラになって、光が散乱する。実際に一乗寺の墓を背景に建てられている「ノア・ビル」は、文字通り岩盤の上に屹立した姿をしている。何も説明せずに、ロシア正教の背景のある人たちに見てもらってどう捉えるか聞いてみたいと思っています。

――「原爆堂計画」はどうですか。キリスト教との関連で論じるとすると。

「原爆堂計画」は、とにかくそこに内包された、過程に興味を持ったのですね。原点として、これはただの建物ではない。機械というか、これ自体が一つの機能である。行《ぎょう》を強いる装置である。ここまで明確なプランはないと思います。「原爆堂」の模型をつくらせてもらったとき、地下の部分を地面に埋めないで、鏡像みたいに地下室を全部地表面から吊って宙に浮かせたんですね。自分では気に入っているアイデアです。ああすることで明確になったところがある。地下とは考えてないわけですよね。地面に穴を掘って通路をつくったというのではなく、別に土がなくなっても、全部水になっても、宇宙空間になっても、地下空間は別の建物として、水平面に対して上に出来たものと下に出来たものがバチンと合わさったようになっている。こういう、見えない外形までデザインした建築はないんじゃないか。地下はだいたい考えないですから。

とにかく、原子力のメカニズムというのが、テクノロジーとしてはタービンでお湯を沸かす限りにおいては古いものですが、でもその本質である、原子の衝突からエネルギーを放出するという不安定な過程自体を建築そのものの心臓部としている。核エネルギーを賛美しているわけではない。それは安定しないゆえに、このプロセスが止まったら死んでしまうよ、ということですよね。心臓そのもの、生命であるということは止まることは死を意味するということである。建築をそういう死、崩壊を内包した装置にした。使用する人はその宿命を引き受けなければならない。そして、いままでの話に繋げれば、その意味で建築は凶器だ、刀同様にということですね。それ自体が危険物だという。

――最初から罪意識があるということですね。

ええ、あると思います。つまり理性という原罪、理性の限界ですね。その延長で言うと、美術館は凶器であるということも言っておかないといけない。美術館は決してそんなにやさしいものではない。

――松濤美術館も独特です。

美術館関係者には、あんなブルジョワ趣味、と言う人もいる。けれどむしろ反対に白井晟一は美術館という上流階級に独占された場所、高級文化を世俗に解放し結びつけてしまったところこそが面白いと思うのです。端的に絵を観るところで市民に飯を食べさせる。二階の展示室の中にサロン・ミューゼというのをつくった。通常の美術館を管理する側からしたらあり得ない。

あるいは「石水館」(芹沢銈介美術館)では展示室にわざわざ噴水を仕組んだりもする。危ない、美術品の管理上、常識的にはあり得ないことをするわけですね。白井晟一はこの非常識を意図的にやっている。あえて危険物を持ち込む。その危険とは日常空間の生きた回路を同居させるということです。下手したら美術品を壊してしまうかもしれない。その危険な可能性を市民に引き渡してしまうわけですね、それこそが美術を私有するということだ、という考えでしょう。それにしてもクライアントであった行政もよくそれを許したなと思うんですけど。出来たとき、びっくりしました。もういまは許さないでしょうね。

――親和銀行の大波止支店のお客さんはほとんど漁師さんだったそうです。かれらは仕事帰りにどろどろの長靴履きでやってくる。だけどバンキングホールに絨毯を敷くんだと言って揉めたらしいです。汚されたっていいじゃないか、それだけ客が多いということだからサービスをしていい、と言ったという話は聞いたことがあります。

白井は考えていなかったのではなくて、汚すも汚さないも、顧客である漁師さんの選択に委ねる、ということをやりたかったんでしょうね。これは「原爆堂」のコンセプトに繋がるのではないでしょうか。行為を律するということ、それを自律的に市民がおこなう権利＝自治権を与える。危険を自ら管理する権力を分有、私有させる。それは革命の権利でもあるでしょう。まさに革命とは、貴族の館に一般市民が土足で上がり込むことですから。貴族が独占してきた美に生で接し、文字通り、使用してしまうわけですよ。よくそんなことを思いつくなって感心します。そういう迫力があります。

——親和銀行本店にしても、引き受けたのは、最初の頭取が北村徳太郎だったからということがあると思います。やはり金融資本主義の象徴みたいな、そういう建物をやるということに抵抗はあったみたいです。民衆作家なんて言われたりしていたわけですから、それとはちょっとイメージがちがいますよね。外からの批判とは別に本人自身に葛藤があったようです。ただ、それを逆手に取ってやるしかないんだ、ということをその頃よく言っていました。その気持ちがあのプロジェクトの軸だったと思います。金融資本を支える建物だけれども、それを逆手に取ってできることは何か、というふうに考えていった。

「石水館」の内部の噴水、あれも当然、問題になったのではないですか。

——すぐに止められました。水がかかるし、湿っけるからと。

抵抗したんですか、そのときは。

——いや、もう現場から離れた後でしたから。工事中であれば別でしょうが、終わった後に芹沢さんやその門下生がやったわけです。もともとは滝があって、真ん中に池があって、それから内部に小さい噴水がある。この水が全部繋がる予定だったんです。それは実現しなかったのですが、設計のイメージとしては、その三つの水が繋がっていることが大事なことでした。

水を入れることで美術館を生き物というか、ナマモノにしてしまったわけですね。美術館側にとってはいちばんの禁則ですね。いまはわずかの水分があるもの、有機物を持ち込むことすら神経質に禁止されている。いずれにせよナマモノにするというのは、つまり生きる、有機物にするというのは、文字通りの意味で、崩壊、腐敗の可能性を引き受け、それと常にやりとりして維持することですよね。この営みが失敗したら建築は死ぬ。実際に人を生かしたり殺したりする危険性がある。それが生きた建築である。その怖さを引き受ける覚悟を強調して言っておきたい気がします。その意味で建築は凶器でもあると言うと誤解が生じそうですけれど、自動車などの機械が凶器になることとおなじとも言えます。だけど建築をそう考えて設計する人はあまりいない。その怖さを引き受ける責任を自覚している建築はあまりない。

――むしろ、それは忌避されている。

そう。それは欺瞞ですよね。建築はまさに諸刃の剣である。その危険を引き受けることこそ、住み手、市民が権力を分有することですね。そこが押さえられないと「原爆堂」の意味はつかめないのだと思います。原爆を美化するわけでもない、原子力を美化するわけではない。原罪を引き受ける。

——建築でそういう問題を考えるということ自体に拒否反応が育てられてしまった。

これだけ貧富の差が出てきたときに、いまだかつてない富の独占があるときに、建築のクライアントにその力を自覚している人がいてもよさそうですが……。ゴシック建築はマーケットから発達してきた。実体的な構造物の間に屋根をかける、いわば、ゴシックの伽藍はアーケードとおなじ構造でしょう。長い建設期間中は実際に側廊は商店が連なり、市場化していた。そういう商取引の場が教会に聖化されていく、そういう過程が含まれていた。

金を持つということは、つまりお金というのは事物ではなく、経済取引、交換の記録、痕跡、それがお金というものの信用ですよね。その人々の取引があったということがあり、その取引がまだ継続し続けるという信用を失えば、お金は価値を失う。世俗の人々のおしゃべり、やりとり、交換取引があるからこそ、その上にお金という屋根、権威をかけることが可能になる。だから富の独占とは、独占ではない、再度その富を人々の合意に向けて開くことが、富が富であり続けることの条件になる。

ドバイあたりに、奇抜なすごい美術館がいっぱい建ち出しているけれど、ジャン・ヌーヴェルがつくったルーブルの別館なんかは、ものはすごい規模ですが、ゴシックなんかと比べるとやっぱり迫力がない。なんというか演繹的なんですよね。何か欠けている。不可逆的な時間の堆積過程が構造に含まれていないというか。この時間を造形的な構造としてうまく言い当てることができないか、というのがいまの関心としてあります。その意味で松濤美術館は相当いいですよね。

――一時噴水の水を止めるとかいう話もありました。まあ何とかそうでなく修復されたようですけど。

建築批評の中では相変わらず白井晟一は位置づけられてないんですかね。

――岡﨑さんがよくご存じでしょう。白井論に限らず建築批評というもの自体が場所を失ってしまったように見えます。

とくに戦後建築は、とりあえずは丹下健三を中心にした人的流れが正統、王道としての建築史と考えられていますからね。それをドグマにして考えてしまうと、白井晟一とかれの建築の背景にあるものが語られ得ない、抑圧されてしまうという構造をいまも話してきましたけど。でも最近感じるのは、正統のほうもどうやらぐちゃぐちゃになってきているということです。例えば戦後の美術館建築の歴史というのを想定したら、坂倉順三が鎌倉をつくった、前川國男が宮城をつくったとか、磯崎新がこういうのをつくった、黒川紀章がこういうのをやったとか。ところが多分こういう王道側にあるように見られてきた建築が先に消えていってしまうというか、どっちが先か分からないんじゃないかな。白井晟一より先に消えていってしまうかもしれない。これは美術作品もおなじですが、残すか残さないか、壊されるか、壊されないか、というのは物理的な問題ではないのですね。コミュニケーションの問題なんですね。言説、あるいは、資本にせよ、その生きた流れが維持できるかどうか、ということがある。だから逆に言えば、批評の立て方、言説の組み立て方次第によっては、文学作品とおなじように作品として建築が残せる、ということも成り立つかもしれません。だから「原爆堂」はアンビルトだったけれど、戦後建築の中ではまだまだ語り続けることができる。白井の建築にはその可能性があるのですね。少なくともぼくにとっては。多くの建築はもう新たな語り、物語としての生産性を失ってしまっている。で、しばらく語りが止まったときに、もう壊されることが決定されてしまう。

□

最近、白井晟一みたいな建築が何かないかと意識して探したとき、案外ライバルになるかもしれないとふと思ったのは、スティーブ・ジョブズが死ぬ前に考えて、まあ実際の設計はノーマン・フォスターですが、実現した「ジョブズ・シアター」ですね。馬鹿げた案とも言えるけれど「原爆堂」と真逆のようですが、ちょっと似たところがあると感じました。地上には柱が一切ないというか、ガラスの皮膜が構造になっているエントランスの円形の建物だけで、実際上の劇場の基本は地下になっている。目で見える部分を言葉で説明すると今風の近代建築のようですが、白井晟一の「原爆堂」あるいはミース・ファン・デル・ローエのトゥーゲントハット邸、ベルリン新国立美術館などにも通じる秘匿性を持っているところもあり、なおかつ怖さがあると感じました。これはフォスターよりもジョブズの意志、意図が強く背景にある建築でしょう。いわば、これはジョブズの墓でしょう。この建築はメディアとして働き続ける限り残るでしょう。つまりジョブズの存在が語られ続ける限り、使われる限り、これは残る。

批評を書いてもお金になりませんし、建築はお金になるとしても一度渡してしまえば終わりです。言い換えれば建築にせよ、言語にせよ、残るかどうかは、書き手、設計者が仕事として得るお金には関わらない。引き渡された後に、それが再び使用されるか、生産を続けるかどうかに関わっている。つまりいわば道具をつくっているということですね。その意味で言語も建築も芸術も変わらない。それが使えるかどうかは、諸刃の剣をつくれるかどうかにかかっている。それがないと開かれない世界があるかどうか、ということはそれがないとその世界は崩壊もするということです。白井晟一はそういう建築をつくった。これは世界の語り方まで変え得る力において、大概の小説家だって敵わない。三島も敵わない。なぜそこまで建築を武器のように鍛え上げたのか、世俗的言語に対抗する要塞みたいな建築をつくったのか。白井の建築に気づいてしまうと既存の建築、文化が意味を失い破壊されてしまうようなところがある。やばい、と思わせたでしょうね。前川國男にしても丹下にしても、川添登にしても、だから無視もされた。

――自己を示すということに独特な面を持っていた。作品集の表紙一面に自分の顔を載せたりもする。自分の姿や生活までが表現の対象だったのかもしれません。

そうでしょうねえ。でも、その、ダンディな白井晟一の姿をこの目で実際に見てないからなあ、ぼくは。噂に聞いているだけで。

――最後になりますが、「原爆堂計画」が発表された一九五五年は、原子力基本法ができたり、ラッセル・アインシュタイン宣言があったり、そういう年でした。そしてこの年に、岡﨑さんは生まれているんですよね。

たしかにそうでした（笑）。

いい建築とそうでない建築との定義をずばり言うと、ちょっと照れくさい表現ですが、世界が絶対に滅びると確定し、どこにいようと滅亡が避けられないというとき、家の外に逃げ出すか、家に留まって死ぬかという選択で、もし家に留まることを選択させるならば、そういう覚悟を含んでいるとき、それがいい住宅であり建築である条件だとぼくは思うんですね。建築は外の世界より大きい世界、その時間と空間を包摂することにおいて、はじめて建てるに値する。それは、「原爆堂」や「ノア・ビル」の模型も展示した「墓は語るか」（武蔵野美術大学美術館、二〇一三年）という展覧会をやったときの主題でした。

いまは文化的時間が滞留しているというか、そして若い人たちが年長者より先に引退しちゃうような時代になってしまいました。文化的継続とか歴史がいかに形成されるかとかを根本的にフィジカルに考え直さないといけない。ただ語り継ぐといっても有効ではないかもしれない。災害とか戦争というときに起こることが日常に内在されてしまっている。その意味で、ポストモダンあるいはポストヒストリーという問題群で考えられていたことを別の視点から考え直すこともできるでしょう。長期的な視点で言うと、一〇〇〇年、二〇〇〇年という人間的時間の連続とは関係ない、切断された時間というものがある。それは一つひとつが自律した時間の系列であって、人間が滅亡しても再生するような力さえ持つ。そのそれぞれの時間の再生、持続を形成する力を持つ事物が文化であり、建築であり、その可能性である。たとえ現在の人間が死に絶えても、建築はかつては人間とは考えられていなかった何者かに働きかけ、そのことによって新しい人間を育てる。建築が人間をつくる。そういうドスの利いた表現を考えていくべきでしょうね。

五十嵐太郎

社会と建築家の関係

――二〇一六年に出された『日本建築入門――近代と伝統』（ちくま新書）では「日本的モダニズム」という言葉が使われています。モダニズムに対して「日本的」と限定しているのはなぜでしょうか。

日本におけるモダニズムの受容と展開は、西洋のそれとは成り立ちがまったくちがっています。西洋の主要な建築は古代からずっと組積造で、石やレンガを積む「壁の建築」の歴史がありました。それに対して、壁で建築をつくらなくていい、というのがモダニズムの構造的な変革です。ル・コルビュジエの近代建築の五原則でも、美学的なコードに乗せて水平連続窓やピロティなどを唱えていますが、要するに「壁の建築」からの脱却を意味しています。つまり長い歴史があって、それを超えていくものとしてモダニズムが出てきた、という文脈があるわけです。それに対して、近代以前の日本では木造による柱梁の建築が主にありました。壁の建築ではなかった。そこにモダニズムが外から入ってきます。西洋の歴史的な展開の中にあるモダニズムとはそもそも基盤がちがうわけです。もちろん造形的にはおなじようにつくれるのですが、歴史の中でモダニズムを勝ち取ってきたというような背景もなく、ル・コルビュジエがそうだったように、アカデミズムに対する批判として出てきたわけでもない。基盤になる蓄積がないまま、二〇世紀になっても新しいムーブメントをどんどん移植していくので、閉じられた円環の中で悪しき反復を繰り返す、そういった戦後日本の非歴史的な状態を、美術評論家の椹木野衣さんは「悪い場所」と表現しています。

ただ一方で、移植した後は、日本人は器用でもあるので、例えば谷口吉生さんはいまでもモダニズムをベースにしていますが、本家以上に美しいモダニズム建築をつくっています。その辺が不思議といえば不思議なのですが、外来のものを精緻に洗練させていくという流れもありますよね。

もう一つ興味深いのは、日本ではモダニズム自体を伝統建築との関係で議論するという言説の場所ができた、ということがあります。そのことによって伝統論争や、いわゆる近代建築とは何かという思索がなされるようになりました。その議論は、日本の建築界の言説にけっこう深みを与えたと思うんです。歴史の否定としてのモダニズムではなく、歴史との関係でモダニズムについてさまざまな議論があった。例えば、研究室にいるインドネシアからの留学生に話を聞くと、インドネシアではそういう議論はあまりないようです。日本の建築雑誌の中でさまざまに言説が繰り広げられて、そこで建築の在り方を考えていくという思索の場ができていたというのは、ある意味で特殊な状況だったのかもしれません。

まだそんなに自由に海外に行けなかった頃は、日本国内で過去の建築といま自分がつくっているものとの関係を考えるというのは、ネタ探しの意味もあったと思います。ただ残念ながら、いまの建築雑誌や学生の関心を見ても、歴史に対しては恐ろしく関心がなくなっているように感じます。

ぼくが建築の勉強を始めた一九八〇年代はちょうどポストモダンの頃で、磯崎新さんの発言力が強かった時期でした。磯崎さんが西洋の建築でミケランジェロやルドゥー、ジョン・ソーン、パラディオなど固有名詞を挙げると、学生は基本的な知識としてそういうものをまず知っていなければいけないという、教養の抑圧というものがあった。九〇年代前半ぐらいまでは、そういうようなものはあったのではないでしょうか。でも、いまトップアーキテクトの伊東豊雄さんや妹島和世さんはほとんどそういう話をしないですよね。そういうかれらが世界的にも注目されていると、学生たちもそんなものか、というふうになってしまう。以前、伊東さんには訊いてみたことがあります。あまり歴史建築について言及されないけど興味のある歴史建築はありますか、って。そうしたら、大聖堂より遊牧民のパオが好きかな、なんておっしゃるわけです。伊東さんらしいと言えば伊東さんらしいのですが、磯崎さんがこだわった建築史は背負わない。

白井晟一の「原爆堂計画」が掲載された当時の『新建築』編集長の川添登は、そういうことを一人で企画して切り盛りしていた人でしょう。『新建築』も、かれが去った後は新しい作品を紹介するだけの雑誌になってしまいました。

――『日本建築入門』では、これまでの建築史の本にはなかった構成をされています。「民衆」や「岡本太郎」、「原爆」という章立てはどのような意図で立てられたものだったのでしょうか。

この本は、当初の企画では「皇居と原爆ドーム」の仮タイトルで日本の建築史を語るという、かなりエキセントリックなものでした。ただ、「原爆」と「皇居」だけで埋めていくのはさすがに大変なので構成を変えましたが、「原爆」はもともと根幹にあるテーマでした。

構成を考えているときにちょうどザハ・ハディドの新国立競技場問題が起こり、オリンピック自体そもそもナショナリズムの発動の場にもなりやすいので、最初の「オリンピック」「万博」という章はすぐに決まりました。そこから時代を逆行していく仕組みになっています。最近の話から昔へ、という構成は椹木野衣さんの『日本・現代・美術』（新潮社）を意識したところがあります。
オリンピック・万博をやったあとは、ポストモダンからだんだん遡って、戦争を経て明治の宮殿造営や国会議事堂まで戻る。それぐらいのラフな構成があって、それ以上細かいことは決めずに締め切りに追われるように書いていったら、意外と膨らんだところが「岡本太郎」の章でした。正直、岡本太郎で一章書くとは思っていなかった。「民衆」というのも最初は章として立てるつもりはなかったのですが、『新建築』や岡本太郎が五〇年代、六〇年代に書いたものを読み返していて、「民衆」ということが当時盛んに語られていたということに改めて気づいたので追加しました。結果的には「民衆」「岡本太郎」「原爆」という流れのところは、ちょうど真ん中のハイライトになりました。

——その「民衆」「原爆」の章では、白井晟一について論じられています。五十嵐さんも書かれているように、白井は一九五〇年代の秋田での仕事が評判になり、「民衆の作家」と呼ばれました。モダニズムを規範とするのではなく、その地域から出てくるものというか、地域に密着して建築をつくるということが意識されていた。「民衆」というのはおそらくあの時代、戦後一〇年足らずに盛んに使われた言葉で、「国民」という言葉にみんな嫌気がさしていて、何かそれに代わる言葉、もっと下からの主体性を示す言葉ということで使われ始めたように思います。

最近はもっとやさしい言葉が使われますね。「みんなの」とか、「コミュニティ」とか。とくに東日本大震災後、その傾向が強くなりました。伊東豊雄さんらが中心となった「みんなの家」はその代表的な例でしょう。ただやはり、イデオロギー的に「民衆」と言っていたときの日本は、戦後から復興してだんだん中間層が厚くなっていく時期だったのに対して、いまの日本はどんどん格差が広がり、昔日本の持っていた社会構造が変わってしまっている。このあたりの問題がどう噴出するかというのは気になるところです。戦後の民衆が全体で上がっていく状況だったのに対して、いまは一部の勝ち組がいる中で全体的にはダウンしているわけですから。そうした状況でのコミュニティ志向は、互助として有意義だとは思うけど、大きな社会構造への想像力が弱まってしまう。それで大丈夫かな、という感じはありますね。むしろ、そういう現実を見えなくさせてしまう言葉になりかねない。

——言葉としてはたしかに幼くなっているようにも見えます。でも、立派な言葉を語った時代よりも、細かい実践は建築家たちもするようになってきているとは言えませんか。

たしかにそうですね。それにはひとつの理由として、社会の中における建築家の立ち位置が変わってきているということが挙げられるかもしれません。いまはワークショップをやらないと、なかなか仕事が進まないという面があります。建築学会賞の歴史を見ていても、二一世紀に入ってからはワークショップをやって、それで受賞している作品が増えている。東日本大震災後、いろんな地域コミュニティに主に大学に研究室を持っている建築家が入ってきて、リサーチをして提案をするという関係が生まれています。かつて建築家はそんなに直接庶民の声を聞くものではなくて、もうちょっと啓蒙的な立ち位置でした。これが民衆の器である、というふうにデザインを提示できる時代だったと思います。

例えば、かつて釧路の市長が公共建築をひたすら毛綱毅曠に依頼するというようなことができましたが、いまはもう、そういう発注はできません。特定の建築家にコンペも何もしないで頼み続けたら、癒着だとメディアの横槍が入ってくる。そういう状況の中で、建築家の居場所がなくなるというか、仕事が取りにくくなっている。だいたいいまは実績主義でコンペをやるので、実績があるゼネコンや大手設計組織にどうしても仕事は流れていきます。そういった、本当になかなか仕事を取れない中で、建築家がサバイバルしていくためにワークショップだのコミュニティだのということをやらざるを得ない。二〇世紀の半ばにはそんなことはありませんでした。そこはだいぶ社会背景がちがいます。

――「原爆堂計画」が出されたのはちょうど第五福竜丸事件があったときです。建築以外の分野では、映画であったり、文学であったり、漫画、写真、美術、音楽など、かなり敏感に反応して、いろんなものを作家がつくっています。建築のほうでも関心がなかったわけではないと思いますが、あまり表立って出てきた表現はありませんでした。「原爆堂計画」が唯一のものだったという印象があります。そしてそれも結局は計画で終わってしまう。ちょうど国の原発の採用が決まって動き出した時代でもありますが、それを象徴するような「原子力時代の建築」というようなことも、キャッチフレーズとしてすら出てこなかった。核というテーマに対しては、どこか逃げ腰と言うか、及び腰でしか対応していない。建築家は社会との関わりの中で何をやっていく仕事なのか、ということを考えさせられます。

アーティストや文学者とちがって、建築の仕事は基本的には発注されて成り立つものですから、そういうメッセージ性というものは構造的に出にくいでしょうね。東日本大震災の後、宮城、岩手と福島とで見られた展開のちがいにも、そのことが見て取れます。津波の被害を受けた地域は、被害を受けた直後、翌日からでも復旧作業ができます。そういった地域には建築家が入り、ワークショップを通じて実用的に役立つことをしたり、コミュニティの在り方を提案したりできる。一方で、福島の原発事故に近いエリアには入れない。放射線量が高くて現地にフィールドワークもできないので、建築家は福島に対してほとんど手出しができない状況でした。むしろそういった場所に入っていったのはアーティストたちです。かれらは入ってはいけないところにゲリラ的に入って、ある種過激な提案をすることができる。

津波の問題というのは地域限定で、世界の人が共有するのは難しいものです。ですが、原発事故は普遍的な文明の一部に組み込まれてしまっている世界史的な事件です。そういう意味で海外からの関心も高い。アーティストがそれに関連して作品をつくったり、何か表現活動をおこなったりすると非常に注目されるわけです。二〇一三年に「あいちトリエンナーレ」

の芸術監督をやったとき、「揺れる大地」というテーマで、原発に関する作品もいくつか入れました。そうすると、海外で報道されるときには、やはりそこに注目が集まります。世界史レベルで、チェルノブイリに続く大事故ですからね。原爆の投下も、地域に限定される問題ではなく、人類史における大きな悲劇です。白井晟一がそういった普遍性を意識していたとすると、「原爆堂計画」にもそういう、アーティスト的な仕事として捉えたほうが分かりやすい側面があると思います。具体的な場所の設定もされていないわけですから。

もちろん白井晟一は本当につくろうとして提案したのでしょう。磯崎新さんが「アンビルト」として自身の作品から実際に建つことのなかったものを集めて本や展覧会にしていますが、磯崎さんの場合はうまく使い分けをしています。実際につくるものと、最初からこれはできないだろうというアンビルト的な提案をやっていて、後者はアートの側にかぶせている。白井晟一の場合はそういう使い分けではない。「原爆堂」はそれほど大きな建物ではないし、構造的に不可能な建築ではないのですから、どこかの自治体や金持ちが出資すれば出来ないわけではない。ただ、それでは民衆の願う建築という意味はなくなってしまいます。さきほども言ったように基本的には建築は発注仕事なので、文学や詩のように、頼まれなくても自分で書くというものではない。また建築は図面を引いただけでは完成物になるわけではない、というところがありますね。

――「原爆堂」に対処療法的な意味はありません。そういう意味ではアーティスティックと言えるのかもしれません。いまの建築界というか、建築を設計する人たちの関心が対処療法的なところにあったり、そういうところに能力が注がれているという傾向があるとすれば、やはり「原爆堂計画」というのはピンとこないところがあるのかもしれませんね。

それでも「原爆堂」は一方で展示物があった具体的な提案でもあるところが面白いと思うんです。3・11の後、福島に関して建築家からいくつか提案がありました。磯崎さんの、これはぜったいに実現しないでしょうが、メガフロートで国会議事堂を福島に持っていくという提案や、鈴木了二さんが「フィガロ計画」という福島第一原発の石棺化のプロジェクトを提案されていました。これは、かれらしいとても美しいプロジェクトで、同時に書かれたエッセイの中でも原子炉の「建屋」という聞き慣れない言葉に注目したのは非常に面白い視点だったと思います。

ほかには、宮本佳明さんという関西の建築家が「福島第一原発神社」というプロジェクトを提案しました。これは原発を神社に見立てているのですが、山形県米沢市に上杉藩代々の藩主を祀った上杉家廟があって、廟堂が横一列に並んでいるんです。それと原子炉が並んでいる様子が似ているということから着想を得ています。福島の原子炉には結局何かをかぶせないといけない。そこに、まさに神社風の巨大な和風の屋根をかぶせるというプロジェクトです。神社と言っているのは、荒ぶる神を鎮めるという見立てもある。ただこれらは面白い提案ではありますが、実際にはなかなか採用されないアート寄りの提案でしょう。

でも「原爆堂」は、そういう意味では建築ですからね。内部空間があって、入り口があって地下にはトイレも設けられている提案ですから。

——最初は丸木夫妻の美術館というかたちで『新建築』や新聞に出たわけですが、すぐに美術館という設定は削除され、用途を明確にしないかたちでパンフレットがつくられます。でも、使われることはありませんでした。実際に建てられた建物なら戦後の建築史の中である位置づけができたでしょうが、そのまま建たなかったので、宙吊りのまま現在まで来ました。それが福島の原発事故があって、ちょうどその年に白井晟一展もあった関係で一般の人も多少は「原爆堂」のことを知るようになった。対処療法的な性格を持たないものですが、福島の後、アクチュアルな問題として「原爆堂」を捉えるような発言が新聞のコラムに載ったりもしました。過去の歴史的な遺産というようなことではなく、設計者の託した意味というか思想というか、そういうものが表に出てきたように感じられます。建てられなかった建築ですが、その建築に託した意味が浮かび上がる。それは建築が持っていてもいい性格ですよね。

そうですね。もともと「原爆堂計画」が『新建築』に載ったということ自体、異例のことだったと思います。実現の見通しが立っていない計画案は普通載らなかったですから。基本的には竣工した建物を紹介するメディアに、あれをもってきたわけです。それは編集者としての川添登の手腕でしょう。『日本建築入門』にも書きましたが、敗戦から一〇年経って、広島に丹下健三の平和記念資料館が完成するタイミングでした。

――「丹下による軸線を介して原爆ドームと関わりをもつリアルな建築に対して、白井のアンビルドを対峙させた」と書かれていますね。

さらに、「原爆堂」の造形やデザインは、ある特定の時代に属しているようには見えない、という不思議さもあります。あまり露骨に時代の流行と一体化していると、古びて見えると思うんです。仮に「原爆堂」が建てられていたとして、数千年後に遺跡として発掘されたとき、考古学者たちはいつの時代のものか判別しづらいのではないかというような、時代を超えた造形・デザインを持っています。いま六〇年経って、3・11がきっかけで見直されたときに、その意味では古びた感じがぜんぜんないですね。

――戦後の時代、近代主義に対する反省の中で伝統について考えるようになりました。白井のエッセイには「日本的創造」という言葉がしばしば出て来ます。かれの建築には、日本建築に通じる切妻屋根も多く見られます。また晩年には、「懐霄館」のように中世のヨーロッパを感じさせるような造形や、建築的なある種の様式を感じさせるようなものもあります。でも、「原爆堂」のような幾何学的な形態のものは少ない。『日本建築入門』では、岩田和夫名義で書かれた川添登のテキスト「原爆時代に抗するもの」（『新建築』一九五五年四月号）を引かれて「最初は四角の上に円筒だった案が、『原爆堂の真の施主である民衆への作者の意識』によって、『平和への祈念をこめて、空中に浮び上り、円筒と直方体の交錯』に変わった」と指摘されています。この「四角の上に円筒」というのは、白井晟一のその後の建築に二つのかたちで実現しています。親和銀行本店の一期の建築は「原爆堂」をモチーフとしたものと言われていますが、二期の建築は駒寄せを裏返したような低い石の基壇に前面が弧を描く金属製の筒状のシャフトが乗る造形です。もう一つは「ノア・ビル」で、基壇に楕円の円筒を乗せた造形です。そう考えると、「ノア・ビル」が基本的な造形としては一九五四、五年の時点ですでにあったとも言えますし、「ノア・ビル」がもう一つの「原爆堂」が展開したものだったとも言えます。建築はもちろん、それぞれのケースに応じて、その機能やら用途に応える、施主に応えるということがなければ成立が難しいわけですが、でも白井晟一の場合、同時にそこに、なにか執拗に継続しているものがありそうです。

□

——建築史的な記述の中では、白井晟一はどうも扱いにくい存在として、例外的なものとして、うっかりすると完全に外されたりもしてきました。

そうですね。例えば丹下や伊東の弟子筋、もしくは東工大の篠原スクールなどがあって、その系譜の中でそれぞれの時代のテクノロジーや社会の変化に合わせて、各世代がつくっていったという流れが書きやすいのに対して、白井晟一はどうしても建築史のストーリーに乗りにくいということがあるでしょうね。ぼくの場合は、さっきも言ったように、「原爆」というのが根幹のテーマとしてスタートした企画でもありますので、避けて通ることは出来なかったのですが。

歴史はどうしても、基本的には進歩していく流れがあって、その時代にはこういう傾向がある、という記述が基本になります。そうするとさっき言ったような未来の考古学者や建築史家が白井晟一の建築を、もしまったく情報がなくて造形だけを見たとき、これはいつの時代の建築なのかと判断に困る。ヨジェ・プレチェニックというスロヴェニアの建築家がいますが、かれも時期的にはモダニズムの時代に生きた人だけど、どう見てもモダニズムのデザインとはちがうものをつくっています。この人の建築なんかも後から時代判定に困るだろうと思います。どうしても歴史の記述のパターンに乗りやすいものと乗りにくいものがある。

『新編　新宗教と巨大建築』（ちくま学芸文庫）で取り上げた新宗教もおなじです。宗教建築というのは、基本的に古代中世では先端的な技術を駆使した中心的な存在でしたが、近世近代になるにつれて重要なビルディングタイプは集合住宅や美術館や公共建築にシフトしていきます。宗教建築はたまに面白いのが出るけど、建築史の表舞台からは消えていく。歴史の記述は、新しい技術や表現で教会をつくれば載るというような、どうしても進歩史観で書かざるを得ないところがあるので、新宗教なんていうものは基本的には誰も取り上げない。でも、現在も宗教がなくなっているわけではない。それは歴史の記述が取りこぼしていたものであるわけです。

「原爆堂」の断面透視図を見ると、英語でTempleと書いてありますね。宗教建築は日本ではなかなか特定宗教に結びつけてつくるのは難しいですが、宗教建築っぽいところがあるわけです。宗教建築ではないのだけどすごく宗教的なもの、それを原爆に関連する施設に重ね合わせたというのは、すごく分かる感じがします。というのは、実はぼくも卒業設計でそれをやったからなんです。

ぼくのときは状況的にチェルノブイリの後でした。一九九〇年の卒業なので、ちょうどバブルの頃です。東京湾に人工島型の原発をつくり、三〇年ほど稼働した後、コンクリートとアスファルトで固めた廃炉になった原発が残るという案ですが、これはどんなにすごいバブルがまた来てもぜったいに開発できない。どかすことができない。地下一〇〇〇メートルのところに高レベル放射性廃棄物の貯蔵庫が埋められているからです。さらに放射線の影響が数千年とか数万年とか言われていますよね。だから、人間の生物学的な寿命をはるかに超越した時間のスケールを抱えた廃墟になるわけです。もし人類の記憶が途絶えて、なおかつ人類が生き残っているような未来があるとしたら、その場所はどうなるかというと、かつてここに原発があった、すなわち高レベル放射性廃棄物があるから近づいてはいけない、という理由が分からなくなる。でも、実際に近づくと何か体に悪いことが起こる。祟りがあるのではないかと恐れられ、サンクチュアリになる。つまり、原発の施設が聖なる宗教建築になるわけです。

そのときに先行例を調べたのですが、フィリップ・ジョンソンがイスラエルに原発を設計していました。かなり小型のものですが、エジプトの神殿っぽい。建築家の中に、原子力発電所を宗教建築に見立てるというのはすでにあった。

核がもともと持っているネガティブな超時間的な要素が反転して、ある意味で宗教的なものになり得る、というのがぼくの卒業設計のテーマでした。それはさっき言ったように、チェルノブイリの事故に触発されてやったことです。ただ、正直ぼくもそれからほとんど原発のことは忘れていました。ゼロ年代に入った頃、何かの機会に学生の前で自分の卒計の話をしたら、そんな大仰なものはもう時代遅れだと批判されたことがあります。そうしたら二〇一一年に3・11が起きて、ある意味で「原爆堂」とおなじように、事件が起きたことによってアクチュアルになった。さきほどのお話からそういうことを思い出しました。

今も昔もなかなかそういうことをやる学生はいないですけどね（笑）。

基本的に原発は普通にやると工場になってしまうので。人間のための空間ではないですから。こうすれば働きやすい工場になる、というのは多少あるかもしれないですが、すごく特殊な施設です。ただ、そこに目をつければ、ちがう問題設定が可能になる。われわれはエジプトのピラミッドのような五千年前の建造物を見ている、じゃあ二〇世紀以降に建てられた建築で五千年後に残るものなんてあるだろうかと考えると、かなり絶望的な気分になります。でも、コンクリートとアスファルトで固めた高レベル放射性廃棄物とセットになった原発なら残せるんじゃないか、どかせないだろう、そういう皮肉だったのですけどね。

正直、デザインがいいというものでもなかったのですが、ぼくはそれで、むしろ自分はデザインよりも物語をつくるほうがうまいと気づきました。ピラミッドや神殿のようなイメージで設計したんです。「原爆堂」からの影響もありますし、フィリップ・ジョンソンの原発、アーノルド・ベックリンの絵画「死の島」、SF映画の『二〇〇一年宇宙の旅』からの影響もありましたね。それこそ、「原爆堂」のテンプルはモノリスみたいな感じがありますね。抽象幾何学的なものが水上から浮かび上がっている。「原爆堂」は地下に潜ってから上がるという構造になっていますが、これはメモリアルでよく見かけるものです。直接の影響関係はないでしょうが、ダニエル・リベスキンドのユダヤ博物館も一回下に降りて上がります。南京大虐殺記念館や四川大地震の記念館、ホロコースト・メモリアルもそうです。悲劇があって、そこから再生する、という意味があるのでしょう。白井晟一は一九五〇年代にそれを出しているわけです。いま挙げたのは全部、もっと後の時代のものですから。メモリアルの作り方として、ある種普遍的な空間の作り方になっているのだと思います。

鳥瞰配置図には「火の塔」、Fire Towerと書かれたものがあります。こういった施設では永遠の火もモチーフとしてよく出てきます。広島の平和記念公園には丹下健三の設計による「平和の灯」というのがあります。一九六四年に建てられて以来、火は消えずに燃え続けている。原爆の残り火が燃え続けているという「平和の塔」というのも福岡にあります。

他にも、世界中の平和もしくは戦争の関連施設で火のモチーフは使われています。パリのエトワール凱旋門にも戦争で亡くなった人を追悼する要素がついているのですが、アーチの真下に無名戦士の墓があり、地面から炎が出ています。3・11後でも南相馬に永遠の火の小さいモチーフが町中に置かれました。石巻でも、津波で倒壊した店舗跡に「がんばろう！ 石巻」という看板がすごく早くから掲げられて、みんながそこを聖地のように訪れるようになったのですが、ある時期から小さい灯火が設置されていました。火を絶やさずに燃やすというモチーフは、こういう施設に共通して出てきます。

――火は放っておいたら消えてしまいます。人がそこに関わっていかないと燃え続けない。

そうですね。そして、火そのものは常に変わるのだけど、火がずっと続いていることに永遠の連続性のようなものを感じるのでしょう。オリンピックの聖火リレーもまさにそういうものです。

もう一つ、鳥瞰配置図を見ていて面白かったのは limpid pond と書かれている。普通だったら「池」としか書かないところを、わざわざ「澄んだ池」と書いてある。一八世紀のルドゥーやブレ、ルクーの時代、いわゆる「語る建築」にこういう書き込みのようなものがあったのを連想させます。あと、これはもう言われていることだとは思いますが、原爆のきのこ雲を想起させるかたちです。そういったところも「語る建築」の系譜に近いのかと思います。

——鳥瞰配置図からきのこ雲のイメージを読み取る人もいるようです。『新建築』に発表するときに、分かりやすさを考慮したということはあるのだと思いますが、それをモチーフとしてつくっているわけではないと思います。

パースに見られるような、水に反射している感じは、平等院、厳島神社、金閣寺など、水との関係が深い日本の古建築にも通じるイメージですね。

――発表されたパースは白井の自筆ではありませんが、何度も書き直させたものです。キャンティレバーには造形的にこだわりが強かったようで、不安定な安定が形象化されたものではないかと思います。

キャンティレバーは技術的に近代以降でないとできないですよね。だから多分これで、後世に見た人が近代以降と判断できるかもしれない。逆に言うと、それ以外は近代以前でも出来そうな不思議さがあります。柱もフルーティングがあって、むしろ古代の建築のような佇まいです。

□

――これからの建築界にはどういったことを期待されますか。

そうですね……、日本の建築は大丈夫なのか、ということには大きな関心があります。世界で活躍している日本の建築家は多いですが、もしかしたらいまがピークで、この後は厳しいかもしれません。

――いまは言葉を中心に建築と関わっている人たち、批評家があまりいなくなってきました。そういう人たちと、実際に建築を設計する人たちとの距離が、少なくとも「原爆堂計画」が発表された時代とはちがってきています。あの時代には、小さな世界だったかもしれませんが、コミュニケーションの場がありました。でもいまは、それがないように見えます。建築家の発言から歴史や文化の広がりが伝わって来ない感じがしています。言葉と建築の繋がりも薄くなっている。いまはそれを抽象的だ、幻想だと切り捨ててしまった時代なのかもしれませんが、実用的な対処療法に発揮できるような能力や技術を身につけ発展させることが優先されているように見えます。コミュニティデザインの山崎亮さんとまとめられた『3・11以後の建築』(学芸出版社)を拝読しましたが、周縁的な社会と結びつくような仕事をされている人たちは増えていますね。そういった人たちとの協力の中に希望はあるのかもしれません。

コミュニティデザインは、いまとても注目されています。ただ今後の展開には注意すべき点があると思っています。コミュニティデザインにはモノとしての実体があまりないので、本当にそれがよかったかどうかという評価やフィードバック、歴史がまだ充分にありません。批評もない。そうするとコミュニティデザインのエビデンスは住民の笑顔の写真、という話になってしまう。

例えば建築には長い歴史があって、その中で歴史学があり、批評があり、雑誌があり、あの建築はいい、あれはよくないと、いろんな人がさんざん議論して判断基準が決まり、価値や評価が決まってきました。コミュニティデザインもちゃんとそういうことをやらないと未来がないのではないか、とぼくは思っています。いまは補助金がつきやすくなっているから、お金がまわる流れはあります。ぼくは建築史の延長にあるものについては判断できると自負していますが、コミュニティデザインで、それが本当によかったかどうかについては正直分からない。でもそれを語れる批評家をちゃんと育てておかないと、何も蓄積されない。それは危うさもある。もちろん希望もあります。ワークショップをやることと造形をつくることは完全に対立しているわけではないですから、優れた建築家とうまくタッグを組んで、ちゃんとした建築であり、なおかつ市民に愛されるような環境もつくっていくということになればいいと思っています。

――五十嵐さんが書評を書かれていたアンドリュー・リーチの『建築史とは何か』（中央公論美術出版）では、建築人文科学やポストコロニアル建築史というようなことが取り上げられています。どちらも、建築をデザインや技術や生産構造、社会構造止まりではなく、もっと幅広く、ジェンダーや人種、集団的記憶、マスだけではないさまざまなメディアなど、そんなものまで含めて文化として扱っていく。これまでの近代建築史も文学や思想を取り入れてやっては来ていますが、でもこの本を読むと、まだまだ幅が狭かったように思えます。こういった幅で建築が捉えられるようになると、建築の見方がちがってくるでしょうね。

そうですね。まさに一九九〇年代の建築の言説において、脱構築主義、表象分析、ジェンダー論、ポストコロニアル理論などいろんなものが出てきたとき、ぼくはちょうど大学院生でした。その辺りの論文は精力的に読んでいましたね。社会との関係から建築を見ていくというか、建築的にいろいろなものを見ると面白い、というようなことも、そこから始まった関心でいまも続いていています。

これから日本が世界でどうあるかということにも関係があると思うのですが、例えばソウルでは東大門デザインプラザというのをザハ・ハディドが建てています。中身は空っぽですが、建物はすごい。巨大な丘みたいなものが都市のど真ん中に出来ていて、そこは誰でも立ち入り自由で、極めて未来的な風景になっています。観光名所で、夜になると恋人たちが集う場所でもある。香港にもザハがつくった香港理工大学のジョッキー・クラブ・イノベーション・タワーがあります。中国の広州ではオペラハウスをつくっていて、北京にもザハのオフィスが複数あって、空港もつくっています。いまアジアのグローバルシティでザハの建築が当たり前のようにある中で、東京はみんなで追い出す選択をしました。本当にそれでよかったのか。

――やり直しのコンペで採用された案を見ると、ザハの案に比べて、とてもこじんまりしたものになってしまいました。

隈研吾さんは器用な人だとは思うのですが、いまはあらゆるところが隈建築になっていますよね。たしかに洗練されており、敵をつくらず、炎上しにくいデザインです。ただ、オリンピックのスタジアムは、時代を画するような挑戦的な建築であった欲しかった。それに、最初のコンペのときには要項になかった「日本的」などという要素が、やり直しになったとき唐突に入ってくる。そのこと自体もどうかと思いますが、どう考えてもいまの議論はかつてあった議論に比べるとレベルが低い。木材さえ使えば日本的だとか、オール・ジャパンでやればよいという話になっていて、議論の質が相当劣化していることに啞然としました。二〇世紀半ばにあれだけみんなで議論していたことはなんだったのか、という思いがありますね。

ザハの問題に注目しているうちに、他の施設も、いわゆる建築家が設計したものはなくて、大手設計組織とゼネコンばかりになってしまっていました。一九六四年のオリンピックのときには、丹下健三以外でも芦原義信や村田政真といった建築家が関わっていました。選手村の食堂やそういうところにも建築家が入っていたんです。今回はそもそも、ザハ以外はそういうところにほとんど建築家が入っておらず、目玉のザハも追い出されてしまった。

白井晟一も評価しているシドニーのオペラハウスは、当初の予算が何倍にも膨れ上がって建設が遅れ、途中で設計者のヨーン・ウツソンが下ろされてしまうという経緯がありました。完成するまでは大変なトラブル続きだったけど、完成した後は、オーストラリアの観光パンフレットから何から、あらゆるものに必ず載るような国の代表的な風景になりました。これは、広告費換算したらすごいお金だと思うんですよ。電通とか博報堂に発注してオーストラリア観光のキャンペーンにお金を使ったところで、そんなものは二年かそこらで消えてしまいますが、あの建物をつくっておいたおかげで、オーストラリアのシンボルが生まれた。しかも、人工的な構築物としてはもっとも若い世界遺産でもあります。だから、大変な建築ではあるけれど、広告費換算したらはるかに価値のあるものが出来る、そういう計算だって成り立つはずです。あれも外国人が設計したものですね。それがオーストラリアの国のシンボルになっている。

そういうものをつくるチャンスだったんですけど、つくづく残念ですね。ザハの案は、技術的にはコンピュータをフルに使って、それを施工の現場でどう実現するかというチャレンジングなプロジェクトでもあったんです。それは、まちがいなく二一世紀的な新しいデザインの手法による建築の事例となるはずでした。将来、後悔しないことになればよいのですが。

鈴木了二

建築が批評であるとき

二〇一四年から一五年にかけて、金沢21世紀美術館で「ジャパン・アーキテクツ1945-2010」展が開催されました。ポンピドゥー・センター副館長のフレデリック・ミゲルー氏がキュレーションをおこない、戦後日本建築を六つのセクションに分けて紹介するという構成でした。白井晟一も「原爆堂」をはじめいくつかの作品が取り上げられていましたが、この展覧会で面白かったのは白井晟一の作品が、いままでのような戦後日本建築史の中で見せてきた雰囲気とかなりちがって見えたことです。どうちがっていたのかと言うと、白井晟一の作品にはいつも、時代を超越する孤高感が付きまとっていたように思うのですが、しかし、今回見た白井晟一の作品にはそれがさほど感じられず、むしろ反対に、時代に対していち早く、積極的に反応しているように感じられました。なぜこの展覧会では見え方がそのようにちがったのか。

いままでの戦後の建築史はたいがい、いきなり戦後の復興から語り始めるのが常でした。戦前の全体主義的な軍国主義国家の全否定を前提とすることで、戦後の経済復興から高度成長期に至るプロセスは無条件に肯定されてきた。ここでは破壊の全否定と復興の全肯定がセットになっています。とくに建築の場合、職能的生理が復興とピッタリ合致していますから、そのほんの少し前に厳然とあったはずの破壊の部分はますます勘定に入り難いのです。ところが白井晟一の作品に限って、そんな歴史観の中に置くとどこか浮いて見え、かといって、作品には無視できない力があるので、結局は、孤高な存在として見なされてきたのではないでしょうか。

しかし今回の展覧会で、孤高感というよりも、時代へのアクチュアルな発言として感じられたその大きな理由は、この展覧会のコンセプトがいままでの戦後史と大きく異なっていたからではないかと思います。歴史把握のちがいによってそこに展示される作品の見え方もガラッと変わる、そのいい例証のように思われました。では「ジャパン・アーキテクツ1945－2010」展はいままでの戦後史と、いったいどこが異なっていたのでしょうか。

この展覧会ではミゲルーのアイデアで、戦後の六五年間を時間軸に沿って六つのブロックに分け、セクションごとにそれぞれの時代の特徴に対応するカラー・コードが付けられていました。その最初に配置されたのは、第二次大戦の破壊と日本の敗戦を象徴する「黒」のセクションでした。戦後史を「黒」から始め、そこから「ダーク・グレー」「ライト・グレー」「カラー」「ノン・カラー」と変化しながら続いていき、そして最後に現在の二一世紀をイメージさせる「白」へと繋がっていくようになっていたのですが、「黒」のセクションから始まることで際立つことになったのは、いままでの、おおかたの建築史が所有してきたご都合主義的な「明るい」戦後史観、つまり戦後がマッサラな何もないところから始まったとするオプティミステックな歴史観が払拭されていたことでした。ミゲルーのキュレーションが新しかったところは何より、「戦後史」に「第二次世界大戦」を加えたことです。戦後史を、マッサラから始まったのではなく、殺戮と破壊と瓦礫から始まったのだと、明快に定義し直したわけです。

ミゲルー本人から聞いたのですが、かれが日本の近現代建築を調べる過程でとても不思議に思ったのは、歴史の節目節目で日本ほど国土が焼土と化すような破壊に見舞われている国は世界にも類例がないのに、にもかかわらず、その「破壊」という側面に関心を持つ建築家が日本にほとんど見当たらないことだったそうです。私事で恐縮なのですが、ぼくがこの展覧会と関係することになった経緯がまさにそのことを示してもいるので、少しお話しすると、ミゲルーはこの企画が始まった当初はぼくのことを知らず、たまたま立ち寄ったパリの古本屋でぼくの作品集を偶然手にし、その写真ではじめて見た作品群の中に破壊に対する感受性を感じ取ったのだそうです。そして「なんだ、ここにいたじゃないか」というわけで、早速ぼくを訪ねて事務所にまで来てくれました。その場で、この展覧会に「標本建築」や「空隙都市」などの作品を出品するよう依頼してくれたのですが、それとはまた別に、展覧会の「黒」の部分、すなわち「戦争」にあたるセクションのために最初の一部屋を使ってインスタレーションをやらないかと勧めてくれたのです。

「戦後史は戦争からすでに始まっていたはずだ」というミゲルーの考え方はぼくが考えていた戦後史とも共鳴するものでしたから、喜んで引き受けることになりました。またミゲルーはインスタレーションのために興味深いアイデアを持っていて、それは、かつては建っていたけれどいまは消え失せた建物の破片を主役として使えないかというものでした。戦前から戦後にわたって建てられた建物が解体されるとき、その瓦礫の中から断片を採集して膨大なコレクションを所有するに至った一木努という方がいらっしゃるのですが、その断片が借りられるというのです。いうまでもなく建築の最期的形態は「廃墟」ですが、現代においての最期的な形態は、かつてのように自然に戻っていくような古典的「廃墟」というよりも、むしろ自然に戻ることもできなくなった「瓦礫」のほうが一般化し、「廃墟」に取って代わったとぼくは考えていたので、「瓦礫」を積極的に導入する方法を考えることになりました。

そこで、美術館の中にもう一つの美術館をつくる、というアイデアを提案しました。このアイデアにどうして至ったかと言うと、展覧会全体には多くの建築家による作品群が並ぶことは容易に想像されるわけですが、建築ですから実物を持ってくることはできないので、ドローイングや写真を除けば、全部が「模型」ということになります。しかし一方の「瓦礫」は模型ではないのでどこまでも自らが実物であることを主張するでしょうから、この二つは極めて相性が悪い。一緒くたにしてしまうと「模型」が陳腐でちゃちなものに見えるか、あるいは、反対に「瓦礫」が薄汚い異物に見えてしまうでしょう。そんな混在を避けるためには金沢21世紀美術館の中にもう一つの、「瓦礫」だけを展示する美術館が必要になると考えたのです。

この美術館は内外とも、セクションを示す文字通りの色である「黒」で塗られていて、しかも床には「黒」の上にさらに強化ガラスを敷きつめていたので、「黒」が床にも映り込み、内部はほとんど底なしの沼か、果てのない闇のように見えました。照明も、内部に置かれた瓦礫の破片をそれぞれ部分的に照らすだけの小さなLEDのみに限定しています。瓦礫を遺跡の貴重な発掘物か、ガラスケースに置かれた宝石のように見せたいと考えました。とはいえ、この瓦礫のための美術館は本物の美術館の中に展示されていることによって成立しているわけですから、いくら大きくても1：1の原寸の模型なのですが。

破壊のイメージ効果を高めるために戦争で壊れた建物の破片を置いているんじゃないかと誤解されることもあったのですが、じつはそうではなくて、そこに置かれていたすべての破片は戦争中に着工された建物の断片なのです。戦争という大がかりな破壊活動の真っ最中であっても、建築は破壊の傍らでつくられ続けていたのだということのほうに、ぼくは強く反応したつもりです。「人間」だけではなく「建築」も、破壊の中に生成が健気にも入り交じっているわけです。

「第二次世界大戦」といっても開戦と敗戦で明快に区切られるわけではなく、戦争状態は戦前にも戦後にもはみ出しているという認識から、大戦を決定づける要所の時間をいくつかピックアップしました。始まりを関東大震災が起こった一九二三年に定め、そこから満州事変の一九三一年、ブルーノ・タウトが来日した一九三三年、盧溝橋事件の一九三七年、という感じです。その年に竣工した建物の破片を選び出し、竣工年と建物のタイトルと一緒に、壁に埋め込むように配置しました。展示の最後は沖縄返還の一九七二年としています。どの年であっても竣工した建物を「一木コレクション」の中に見出すことができたのですが、唯一、敗戦の年だけは該当する建物が一棟も見当たらず、そのために一九四五年の部分だけは断片を置くことができず空っぽで、はからずも、この年だけは「ヴォイド」(=空隙)を展示していたことになります。もっとも多くの瓦礫の山が日本中に築かれていたはずの年のところだけが、何もない穴になっていた。

「物質試行56」となったこの美術館のために、ぼくは素っ気なく「MUZEUM」というタイトルを付けたのですが、そう名づけたときに思ったのはこのプロジェクトが白井晟一の「原爆堂」と明らかにリンクしているということでした。「原爆堂」というタイトルもまるで素っ気ないですからね。「MUZEUM」のアルファベットでZを選ぶかSを選ぶかちょっと考えましたが、ここでは強制収容所の資料館で使われているZのほうが相応しく感じました。「原爆」と「強制収容所」とがこの戦争で新たに発明されたものでしたから。

「MUZEUM」の真っ黒な闇の中に瓦礫の断片が浮遊する内部空間はなかなか魅力的だったので、展覧会だけで終わらせるのはもったいないと思い、何台もカメラを入れて映画監督の三宅唱氏と共同で二〇分ほどの映画を撮っています。二人とももちろん単なる記録映像やイメージ映像にはしたくなかったので、プロットを考え、撮影方法を工夫して『ブルーノ・タウトの帰還』というストーリーのあるSF作品にしました。SFになったのはこの映画の舞台が、どこか放射性物質で汚染された、人の踏み込めないゾーンであるという意識があったからです。

――「MUZEUM」は鈴木さんが提唱されているダブハウスの流れにある作品ですね。二〇一一年の震災直後には福島第一原発を石棺化する巨大なダブハウスとして、「フィガロ計画」を構想されましたが、これも「原爆堂」を想起させるところがありました。このあたりのことは鈴木さん自身のモチベーションや活動の展開とは、どう絡み合っていることなのでしょうか。

提唱していると言われると恥ずかしいのですが、ごく簡単に説明しますと、ダブハウス、つまり「DUB」のアイデア自体は震災前の二〇〇九年、伊豆に「下田の住宅」(物質試行50)を設計している最終段階で急に思いついたことなのです。いまになれば、思いついたというより「発見」したと言ったほうが適切かもしれませんが、しかしその発見当初は、まさかその後七、八年にもわたって継続的に関わることになるとは思ってもみませんでした。「DUB」は要約が難しいのですが、一言で言うなら、縮尺やプロポーションやスケールにとらわれずに現れる建築のある種の性質のことです。この性質に気づいたちょうどおなじ頃、東京国立近代美術館から「建築はどこにあるの?」展のために作品をつくらないかという依頼があったので、早速、「下田の住宅=SHIMODUB」で発見したばかりの「DUB」の性質を試してみようと思ってつくったのが「MOMATD

UB」（物質試行51）でした。

美術館の内部に原寸模型としてつくりましたが、暮らそうと思えば数名くらいなら十分に可能なほどの大きなもので、もはや模型の範疇は超えています。ですから「SHIMODUB」と「MOMATDUB」は実作とその縮尺模型の関係ではもちろんありません。両方とも最初はおなじ図面から構想されているので、それぞれはお互いにそれぞれの模型であり実作であるわけですが、ただしこの二つの「DUB」は、各方向で縮尺が異なっており、「MOMATDUB」は「SHIMODUB」の長辺方向を引き伸ばし、短辺方向と高さ方向は、反対に、圧縮した形をしています。にもかかわらず、それでも、この二つはおなじ性質を有していると言えるのではないか。それがぼくの立てた仮説で、それを実証するために二つの作品をつくり、それぞれ実際に体験してみたことになりますね。もちろん建築の用途も機能もまったく関係なく、xyz方向の縮尺の変更だけのことですから、極めてナイーブで原始的な関係性にはちがいないのですが、しかし「SHIMODUB」から抽出された構成が、これをキャラクターと言っても構いませんが、縮尺をいくら変えても常に存在し続けていることに少なからず驚いたのです。少なくともいままでの「物質試行」――自分の作品をナンバリングしてそう呼んでいるのですが――の過程で、そのような関係性に遭遇したことはありませんでした。

そこでこの性質を「ＤＵＢ」と呼ぶことにしたのですが、これは言うまでもなく「ダビング」の略です。いまはデジタル時代ですからダビングやサンプリングが当然のように常態化しています。音楽も美術も映像も、いまではことごとくそうなってしまっています。ヴァルター・ベンヤミンが二〇世紀を「複製技術時代」と捉えましたが、現代に起きている事態は、その、さらに先のところまで来ている。「オリジナル」と「複製」という対立軸は常態化した「複製」によって一気に古びてしまいました。すべての事象は同期され均質化されるわけですから。いまさら「オリジナル」を擁護するなどと言っても負け犬の遠吠えにしか聞こえないでしょう。かといって、同期化と均質化によって画一的な方向に外部から一方的に変形されるのは生理的にいやなのです。理由はよく分かりませんが、それは人間の中に潜む物質的な快楽のメカニズムと関係しているような気がします。

デジタル化の真っ只中であっても同期と均質に対抗する力がある、その一例としてダビングやサンプリングを施しても変わらない強度をとりあえず「DUB」と名づけたわけです。これは伸ばしても縮めても変わらない性質のことですから、先ほどの二つの建築「SHIMODUB」と「MOMATDUB」とは、どちらか一方に「DUBがかかる」ことによってもう一方が生じる、という関係にあります。規模や比率が変わってもおなじ性質がキープされているわけです。それに対して、伸ばしたり縮めたりしたときに、もともとあった性質が別なモノに変わってしまうことを「DUBがかからない」と言っています。そう思って、いままでにつくられてきた建築や美術を見直してみると、これまでよく似ていると思っていた作家たちでも、「DUB」がかかる作家とかからない作家がいることに気がつきます。例えば、分かりやすいところだと、おなじ近代でもジュゼッペ・テラーニには「DUB」がかかるが、ル・コルビュジエにはかからないとか、ですね。いろいろと試してみると、いままで似ていると思っていたものがまったくちがうことにも気づかされます。かなり多くのケースについて比較してみましたが、ぼくの単なる思い込みだけではないようです。

考えようによっては馬鹿馬鹿しいことのようにも思われるかもしれませんが、まだ解明できていない謎も多く、ぼくにはこれが面白くていまだに「物質試行」は「DUB」関連のプロジェクトで占められており、いつの間にか五〇番台はほとんど「DUB」になってしまいそうです。「DUB」は写真や音楽ばかりではなく衣類をイメージしてもらうと、もっと分かりやすいかもしれません。特定のモデルが着ているとかっこうよく見えるけど、他の人が着るとぜんぜんダメなデザインってあるでしょう。その一方で、だれが着てもばっちり決まるデザインがある。服飾のデザイナーを比較していくとそのちがいがよく分かります。あの世界でも「DUB」に敏感なデザイナーが何人かいます。

建築においては、プロポーションはもちろん目的ではなく結果にしかすぎないのですが、しかし視覚的には印象として強く残ります。それからすれば、「DUB」とは、比率がいくら変わっても当初から備わっているプロポーションに代わる性質が常にキープされるとでも言うのでしょうか。あるいは、変形するにしたがって新たなプロポーションがポリリズミックに現れ出て強度を落とさないというか。ぼくはもともとプロポーションについては、絶対音感のようなものとして一定のこだわりを持ってきたのですが、「下田の住宅」をやっているときにはじめて、プロポーションに左右されない建築というアイデアが現れた、と言えます。そして、それをいろいろと試している真っ最中に、二〇一一年の震災が起きました。

——震災の直後、「みすず」八月号に「『建屋』と瓦礫と」という文章を発表されましたが、建築家として原発の問題に向き合った発言でした。建築の職能の中に含まれている技術者としての責任感が反応し、自分にも責任があったという加害者のような思いを感じた、と書き出されていますね。

震災直後とおっしゃいましたが、それでも数ヶ月経っているんですよね。そのうちにだれかがちゃんと書くだろうと思っていたのですが、いっこうにだれも書かない。建築に親しんでいるものならだれでも気づいていそうなことなのに、いつまでたってもそこを書いたものが現れない。このままだと建築のジャンルが丸ごと現状追随と見なされそうに思われてきたので、自分がやむなく書くことにしたのです。もちろん建築家の発言は沢山あったのですよ。いや、ほとんどの有力な建築家は次から次へと何か言っていました。しかしこちらに届く言葉を見つけることは、なかなかできませんでした。みんな身体的なショックについては素直に口にしつつも、本当に建築の職能として受け止めている発言とは思えなかった。震災の核心にあった原発の問題を訊かれてノーコメントと答える建築家も多いというような噂さえ聞きました。この時期に発言しながらノーコメントとは驚きです。発言したいだけなのでしょう。ですから内容も当たり障りがないだけで、反省がないというか、なんとなく前向きでどこかポジティブな方向に話を結んでいる。もう三〇年も前に「テクノニヒリズム」というエッセイで技術について書きましたが、戦争が二回もあって、あれだけ人が死んだのに、技術だけは反省をしてこなかった。イデオロギーは壊れたり変わったりするけど、技術信仰は変わらずに、近代はそこを無反省のまま突っ走ってきました。技術にはそういった前向きな欲動が、得体の知れないウィルスのように、生理的に備わっている。福島の原発事故は、ぼくにとってはその「テクノニヒリズム」の後日談であったのですが、あの時期の状況は、またしてもと言いますか、予想以上に反省がなかった。それに対して落ち着かない気持ちがあったのだと思います。

――「フィガロ計画」に着手されたのも、文章とほぼ同時だったのでしょうか。

そうです。「フィガロ計画」（物質試行54）もダブハウスの流れにあるものです。先ほどもお話ししたように、「DUB」はスケールには対応できる、伸びても縮んでも強度は変わらないというコンセプトでしたから、これはいける、とすぐに思いました。巨大建築はたいがいプロポーションで失敗するものですが、「DUB」はその点をすでにクリアしていましたから。ですからダブハウスが震災の少し前の二〇〇九年に始まっていたのも、まさにこの震災に導かれてのことだったのではないかとすら頭のどこかで思ったくらいです。二〇一一年の段階では、こちらとしては「DUB」にはかなり慣れていたのですぐにイメージができましたし、同時に寸法も構造も、さほど間を置かずに対応することができました。

原子炉四機をすっぽりと覆うものなので相当に巨大な建築です。少なくともぼくの仕事としては最大規模でした。幅二五〇メートル、全長一キロメートル以上、高さは一三〇メートルから二〇〇メートル、地下は八〇メートル下にある岩盤まで掘り下げている。細長いダブハウスになりましたが、驚くほど施設全体がぴったりと収まりました。二〇一四年にようやく、国が関与するかたちで凍土壁の工事が始まりましたが、それもいま、期待されたほどの成果が出ず、高濃度汚染水の問題は見通しが危ぶまれています。とにかくあのときも、まずは外に出さないということを一気にやらないといけなかった。あのあたりは直下に地下水が流れているのでいろいろ調査が必要だったので、われわれなりに資料を集めて取り組みました。もっとも、当然とはいえ、必要な情報はなかなか出てきませんでしたね。地下水を遮断するために岩盤にまで到達する地下壁を設け、そのうえでコンクリートあるいはガラスによって放射性物質を閉じ込めようとする石棺のプロジェクトでした。もちろんそこから核燃料デブリやらの取り出しをやっていかなければいけないので、そのプロセスを想定し、一部を取り外すだけで開口が現れる回廊のようなものを巡らしているのですが、考え始めた当初はとにかく地下水の侵入を遮断し放射性物質を外に出さないということが先決事項のように思えました。

——「原爆堂」とおなじく、発注された仕事ではなく、状況への自発的な提案だったわけですよね。『建屋』と瓦礫と」から少し引用しますと、「震災後にまず建築家が問われたのは、今後の復旧や復興よりも先に、いままでの仕事についての反省ではなかろうか。そしてこの反省は自分の感覚の奥底にまで掘り下げ、身体の隅々にいつのまにか染みついた生ぬるさを一掃するものでありたいと思う。（……）技術者の身体感覚を、もともとは技術の起源であったはずの手仕事の慎ましいブリコラージュのレベルへと差し戻し、もう一度鍛えなおすくらいの覚悟がいる」と、相当な決意をもって書かれている。

もちろん白井晟一の「原爆堂」はすぐに頭に浮かびました。「原爆堂」がわれわれに教えてくれたことは要約すると三点あって、第一に、建築がそのまま批評であり得るということであり、第二に、その批評性は発注がなかったとしても建築家の自発性さえあれば一人でも可能であり、第三に、しかし、それは単なるイメージだけに終わってはダメであって、実際には建つことがなかったとしても、構造からディテールに至るまで設計され図面化された建築であれば批評の力を持ちうる、ということではなかったかと思います。ですから「フィガロ計画」を設計しているときはいつも、白井晟一に励まされていたことになりますね。

あの当時、けっこう名のある連中がね、震災以後はもう大きいことはやってはいけない、小さいことから始めよう、とか言うわけですよ。まず自分の机のまわりから、とかね。だけど、その裏では大きな仕事をやっている。とくに断るわけでもないし、それが恥ずかしいことだとも言わないいんです。口で言っていることと、手でやっていることが離反している。そういった欺瞞は、もちろん建築界だけでなく、あちこちで起きていたことですが……。この欺瞞的な状況は、「原爆堂計画」が発表されたときにも通じるものだと思います。戦後、原爆の問題はそうとうねじ曲げられていたわけでしょう。そんな中で、戦争が始まった初期には「大東亜建設忠霊神域計画」を発表していた丹下健三が皇居と富士山を結ぶ軸を、爆心地と原爆ドームを結ぶ軸に置き換えて出した案が採用され、一九五四年には広島平和記念公園が完成したりする。白井晟一もそれに黙っていられなかった、というところがあるでしょう。

——平和記念公園は国策としての平和主義をアピールするためにつくられたのでしょうが、原爆や核を手にした文明や人間と向き合うといったものではなかった。

メディアの中で話がすり替わりますね。一九五四年の平和記念公園の段階では、原子力の平和利用に関しては極めて楽観的に捉えられていました。非常にネガティブであったものが、いつの間にかポジティブなものにすり替えられている。そうさせないところが「原爆堂」のすごいところだと思います。あの当時は、テーマが、創造か破壊かということになっていました。丹下健三は、破壊は終わった、これからは創造だと言う。丹下健三を批判する建築家もいましたが、でも、そこだけはなんとなくおなじなんですね。創造だけは無条件に肯定されていました。それが日本の戦後を方向づけた。それでメタボリズムまで突っ走るわけです。だけど白井晟一の「原爆堂」の場合には、創造と破壊が裏表にピッタリ張りついている。創造すなわち破壊です。反対物が表裏一体となっていた。

ぼくには一九八二年に「一冊の白いパンフレット」(『白井晟一研究Ⅳ』所収、南洋堂出版)というタイトルの「原爆堂」についての小さなエッセイがあるのですが、その中でこれを「原爆的状況」と書いたことがあります。その数年後、このエッセイを最初の単行本である『非建築的考察』(筑摩書房）に収める際に、この部分が気になってさらに書き加え、もう少しイメージが明瞭になるように「原爆的対称性」と言い換えました。水面の上と下に同時に創造と破壊のイメージがあり、それを一本の軸が貫いているパースの意味がこれで分かった気がしました。ＡかＢか、そのどっちを選ぶかではなくて、Ａを選ぶとＢも引き受けることになるという、まったく新しいタイプの対称性です。言い換えると、創造と破壊との距離、生と死との距離がなくなってしまったということですよね。しかし「原爆堂」のそこに反応した人がいなかった。素通りされてしまった。その「原爆的対称性」が、こんどの原発事故によってはっきりと露呈していました。ところが、それがね、さっきのテクノニヒリズムに戻りますが、やっぱり反省がなかった。「原爆堂」はほとんど想起されなかったように思います。

――震災が起きたのは、その前年に群馬から始まっていた「白井晟一展」が東京に移り、会期も終わりに近づいていた時期でした。その後、京都に巡回されたとき、作家の福永信さんが京都新聞に寄せた「過去のかなわなかった建築ではなく、むしろ未来の建築として映る」というコメントが印象に残っています。もう六月になっていたかと思いますが。少なからずそういった反応があったのは、3・11とは無関係ではなかったでしょうが、建築界から出てきた言葉ではありませんでした。

「原爆堂」を未来に届く建築だという見方もたしかにできるとは思います。条件さえ整えばいつでも建てることのできるスタンバイしている建築であり続けますから。でも一方で、待ち続けるわけにもいかないぼくにとっては、未来というより、まさに現在の現実に突き刺さっていて、常にいま、というふうにあり続けるプロジェクトではないかという気がします。それはやはり、ここがうまく言えればいいのですが、白井晟一が体を張って一人でやった、という実感があったからこそではないでしょうか。建築家が体を張って一人という生き方は、ぼくにとっては大きな支えになりましたし、指標とするロールモデルの一つであり続けています。一人とはいっても仲間や同志はもちろんいるのですよ。そういう小集団が建築にもっとも合っているのではないかと思います。やたらと人を集めて組織化し、自分の手が届かないところまで仕事を拡張する方向でやっていくやり方には、それだけで、すでにもうある種の破綻がある。仕事の大小ではなくて、そのような組織化のやり方が、物質と直接対応しなければならない建築には合っていない気がします。ブリコラージュである由縁です。巨大な集団の組織化を技術革新で補っていくわけですが、それが結局テクノニヒリズムになってしまい、ますます「原爆的対称性」を生み出し続けているというのは非常に逆説的ですね。

□

「DUB」は、建築の用途を前提としない概念です。住宅にもなるし、原子炉建屋にもなる。美術館でも三つのタイプで試してみたし、また「物質試行55」では全長九六メートルの橋としても考えてみました。ここには極めて現代的な問題が現れていると思うのですが、それを先行して考えていたのがやはり白井晟一であり、「原爆堂」だったのではないでしょうか。というのも、「原爆堂」には「原爆の図」の美術館としての用途というか、ストーリーが語られていますが、あの絵があろうとなかろうと、白井晟一は「原爆堂」を構想したと思うんです。あの絵は一つの契機だったとしても、「原爆堂」のイメージが先にあって、その口実として使ったと考えるほうがしっくりきます。実際、「原爆の図」の美術館という用途が切り離されたあとも、白井晟一は独自に「原爆堂」のパンフレットをつくって建設への動きをしていたわけですからね。機能はありそうにしているのだけど、実は機能を超えている、「原爆堂」にはそういう迫力があります。

——後年の親和銀行本店は「原爆堂」のモチーフでつくられている、と言われています。本人もそれを否定はしませんでした。

用途を超えている。だからこそ「原爆堂」のモチーフを親和銀行に持っていくときに、それはもう造作なく越えていったのだろうと思います。しかし建築が用途を超えるとはいったいどういう事態なのでしょうか。いまでも建築の正当性は用途にかなっているかどうかで計られているし、建築家も表面上はそのように装っています。ところが白井晟一は、建築は用途を超えてもかまわないという確信をすでに持っていた、ということですよね。白井晟一の、このもっとも重要だと思われる部分が、いまだに言葉として届いていない。あの時代、建築が用途から解放されているとは、なかなか口では伝わらなかったでしょうね。だから妙に神秘化されて語られたり、先ほども言ったように孤高の作家とか言われたりするのでしょう。建築が用途を超えるということは、神秘とか孤高のような神憑ったことではありません。それをぼくなりに試してきたのが「DUB」でもあったのですが、その試行のプロセスで分かってきたことは、建築に対するわれわれの感受性が、ここしばらくの間に急速に変わってきたのではないかということです。このことは、まだあまり気づかれていない。

この問題と非常に近いところで言葉を発している建築家が、ポルトガルのアルヴァロ・シザです。『ユートピアへのシークエンス』(LIXIL出版）でも書いたのですが、シザの建築が持つ特性を一言で言うと——最初の話ともリンクしてきますが——、「瓦礫」への感受性ではないかと思います。

いまでは中東あたりは瓦礫だらけになっています。日本も東日本大震災でそれを経験しました。この「瓦礫」性は、実は第二次大戦を通して写真家や映画監督たちにはいち早く注目されていたものでした。では、建築家はどうだったかと言うと、シザより前にぼくは知らないですね。磯崎新氏の有名なフォトコラージュとシルクスクリーンによる「ふたたび廃墟になったヒロシマ」はたしかに戦争の廃墟に注目したものですが、イメージ図としてはインパクトもあって興味深いですけれど、図面や模型があるわけではなく、建築そのものとして提示されたわけではないですね。その意味ではぼくの知る限り、シザがはじめて瓦礫性を建築の基底に置いた作家のように思います。シザの場合にはイメージではなくて建築そのものに瓦礫性を感じる。先ほど「ＭＵＺＥＵＭ」のところでも言ったように、瓦礫は古典的な廃墟とは異なります。ぼくは瓦礫のことを「廃墟２・０」と呼んでいるのですが、それは要するに、新しいタイプの廃墟が現れているという意味です。

シザはガブリエル・バジリコというイタリアの写真家に関心を寄せていて、かれの写真集『Cityscapes』（二〇〇〇年）にエッセイを書いています。バジリコはぼくとおない年で建築に関する魅力的な写真を撮り続けていたので、長い間ずっと注目してきた写真家でしたが、残念なことに二〇一三年に亡くなってしまいました。最近になって写真集のエッセイを読むことができ、シザもまたバジリコをリスペクトしていたことにはじめて気がついたわけです。そのエッセイの中でシザは、バジリコの写真は、現実の町や風景がどこもかしこも、まるで廃墟であるかのようにフィルムに焼き付けられている、と書いています。印画紙に焼き付けられた写真は絶望で満たされているが、写っている事物のことごとくを廃墟として読み取ることによって、そこに人類の構造を呼び出すことのできるものだ、と。その文章を読んで、バジリコが一九九一年に撮っていたベイルート爆撃跡の写真を、改めて思い出しました。その写真についてシザはエッセイの中で直接言及しているわけではないのですが、この文章はその写真に、そのまま当てはめて読める気がしました。そしてシザは、バジリコの撮る廃墟に、明らかに光を感じているんですよ。ここでは明らかに、廃墟＝瓦礫をポジティブに見ています。悲惨な状態だと比喩的に見て身を反らすのではなく、そこに具体的な光を感じて身を乗り出している。しかもその瓦礫には用途など微塵もないわけです。シザがそこで見ているのは「原爆的対称性」そのもので、破壊の中に創造の契機を見出そうとしています。

ポルトガルは民主化が遅れた国でした。シザが生まれたのは一九三三年ですが、その前年に首相になったアントニオ・サラザールがファシズム独裁体制をスタートさせた年です。第二次大戦を経て、ヨーロッパのほとんどの国が民主化された後も、長期にわたって独裁体制が例外的に続いた。知識人や芸術家への弾圧は陰惨なものだったようです。そんな暗く、やりきれない環境でシザは前半生を生きた。それが一九七四年に、革命によってついに崩壊するわけです。そのときシザはすでに四一歳でした。この衝撃は、いまのわれわれ日本人には実感として分かりにくい。一九七〇年代と言えば、欧米や日本ではちょうど近代建築に飽きがき始めた頃ですよ。ところが、第二次大戦後も相変わらず「国民様式」という官製的な束縛のかかっているポルトガルでは、近代建築はつくることができなかった。それでも海外から入ってくる雑誌などで、情報としては学んでいたようなんですね。その、言わばあこがれの近代建築が、ついに自分たちのものになる機会が目の前にやってきた。そういったタイムラグの中で、シザは近代建築を始めたんです。ひととおり知ってはいながら、まだ自分ではやっていない。近代のやり直しにはちがいないが、初発であるという動機のエネルギーも同時に持ち合わせている。このことはしっかりと押さえておきたいですね。しかしもちろん二〇世紀は終わりかかっていて、目の前には瓦礫が重なりつつあるという認識はあるわけです。そこで近代建築を始めるとはどういうことか。

建築が瓦礫になったときには用途もへったくれもない、それでも使う、そういう考えをシザは持っています。むしろ、その瓦礫の状態を、建築が本来の状態に戻ったものだと極めて肯定的に見ているようなところがある。

諦念と期待とが背中合わせになったような感じです。そういうところから出てくる一つの建築の見方、つまり瓦礫が前提となる建築、そういう感受性がいまのシザには見られます。シザの言葉なら、白井晟一に届くかもしれない。つまり、ばらばらの破片の中でどう生きるか、どうアッセンブルするか。そういう考え方と非常に近いところにいるのがこの二人ではないかと思うんですよ。これはいまの建築の核心となっている問題だと思うのですが、そこまでの理解をするためには、もう一度近代を遡って読み直す必要があります。

□

一般的には近代建築史というのは、ミース・ファン・デル・ローエやル・コルビュジエを起源とする流れで語られてきましたが、アドルフ・ロースを起源とするもう一つの近代建築史があったのではないか、とぼくは考えています。ロースというと「装飾は犯罪だ」というフレーズだけが、バカの一つ覚えのように流通していますよね。その言葉がまるで無装飾を強制するかのようなスローガンとして都合よく使われて、ミースやル・コルビュジエが出てきてメジャーになっていくというストーリーがあります。だけど、最初にロースが言った「装飾は犯罪だ」という言葉の中には、むしろ様式が無力化したあともなお自らを主張しようとする建築家という職能それ自体を根本から疑ってかかっているような深い問題があったのだと思います。ロースは装飾そのものを否定したわけではまったくなかったし、かれの発言は、近代建築を正当化してきた合理主義や機能主義を援護するための言葉でもなかった。近代がバラ色の明るい時代として記憶されているとしたら、それは近代主義者たちが書いてきた後づけの歴史によって相変わらずバイアスがかかっているからではないかと思います。長くなるのでここではこれ以上言いませんが、バラ色どころではなくむしろ反対に、近代は人類崩壊の危機から始まったはずで、ロースの装飾批判は、本来はそこに向けられたものでした。でも二〇世紀はそれをないがしろにして、前向き前向きでここまで来てしまった。

一九世紀末から二〇世紀のはじめにかけて――ちょうど白井晟一がドイツにいたあの時代も含まれますが――、ヨーロッパでも戦争の予感が強まる切迫した状況の中で、ブレヒトやベンヤミンが何を言っていたか。かれらは確実に人類が終わるという前提で、哲学や演劇や小説など、いろいろなことを思考している。滅亡を前提に人類の世界を考えるという営為は人類史でははじめての経験でしたが、まちがいなくロースはそこにガチッと嵌まります。ですからブレヒトやベンヤミンやクラウスのような言葉の達人たちもロースの言葉を引用します。でもミースやル・コルビュジエの言葉は、建築界以外ではそんなに通用しないですよ、中身もそれほど深いものではないし自己顕示的な文章が多いですから。そういう意味では言語的なセンスにおいても、建築家ロースは抜群に高いと言えます。

ロースは、建築家のデザインというものはあまり表に見せるものではない、という感覚を持っています。いくつかの物質と、それを扱える職人が数名ほどいたなら、建築はもう出来たのも同然で、そこに上手いも下手もないとすら書いています。むしろ職人の手の仕事みたいなものが尊重され洗練されてあるならば、ごく平凡なものでもかまわないのです。ウィーンにローマ建築がそのままあってもいいのだと言うぐらいですから。ですから自分の作品をつくっても雑誌にはほとんど発表しないし、そのあたりは徹底しています。スタッフの話によると、図面も焼却してくれ、というような感じだったみたいですし、また実際かなり失われているようです。だからロースの文章は極めてレベルの高いものとして書き残されていますが、その一方で、作品のほうは資料があまり表に出てこない。自分の作品がこうだというのは、むしろ語るべきではないという考え方でした。それは、そこに住む人との関係の中だけの、インティメートな、私的なものとしてあるのであって、外に見せびらかすものではない。だからこそ見せびらかそうとする建築家に対する批判が辛辣になったんですね。職人の領域に、芸術家を気取る建築家が手を突っ込んでくることが許せなかったのです。それが「装飾は犯罪だ」という言葉として鋭く出てくる。ここでの「装飾」とは、職人の平凡さに建築家が無理矢理付け加えようとする「アート」性のことでした。

ここには、近代の始まりの段階で、建築家が置かれることになった根本的な方向の二極分解、すなわち節度として抑える方向と自己顕示性を露出する方向に二極分解する瞬間があったのですが、二〇世紀の建築は、ほとんどは自己顕示性の一方向だけで突っ走ってきたように思います。その点、シザもロースに注目しており、ロースの作品にある「優れた自己抑制と平凡さ」を学ぶべきだ、とまで言っています。こういった文脈で日本の近代建築も再考すべき時期に来ているのではないでしょうか。そこからもう一度見直すことができれば、戦後の白井晟一も重要な存在になるでしょう。日本ではそういう人は極めて少ないからです。

——『寝そべる建築』（みすず書房）で鈴木さんが取り上げた立原道造もそうでしょう。

まさにその通りです。立原道造を建築家として書いたのも、そういう意図がありました。立原は、詩人としてはすばらしいけど、建築家にはなれなかった、と言われています。二四歳という若さで亡くなりましたが、詩人としてはすでに大成していた。一三歳から詩を発表し、高校生の頃には文壇での評価も確立していましたから。それでもかれは、そういった名声とは関係のないところで、本気で東京帝国大学の建築科に入ってきた。詩人であり建築家であるという、世界でも稀有な存在です。だけど、立原は結局建築をつくれなかった、というのがいままで言われてきたことです。ぼくは、この評価には明らかに抑圧がかかっていたと思っています。

丹下健三と一学年ちがいで、お互いに相手のことは意識していたでしょう。しかもこの二人は対照的でした。丹下はいかにも派手なパースを描く。ル・コルビュジエっぽい。それが戦後の、いままでのわれわれのパースを規定してきました。一方で立原は、そういう派手な方向ではないドローイングなりプランのやり方というのを考えていた。立原論を書く際に、かれのプロジェクトをいくつか、かなり丁寧に見てみました。学生のプロジェクトだと言って、みんなもうそれだけで「学生の割には上手いね」程度に見ているわけですが、これがどうして、めちゃくちゃレベルが高い。もちろん二年か三年の学生の課題ですから、細部の階段の段割りとか細かいことを言い出したら粗もあるでしょう。だけど考え方は、多分、あの時期では日本に他にはいないぐらいレベルが高いのです。

日本でもあの時代は、そのあたりで二極分解しているんですよね。丹下というのは戦争をうまく通り抜けた人です。最初は明らかに好戦的だった。あとになって自分は迎合していなかったと言いますが、坂倉準三ほどではなかったにせよ、でも戦争を否定していたとは言えないわけです。

それに較べて、立原は一九三九年に亡くなりましたが、生前すでに、戦争にはかなり批判的でした。ここにも微妙な問題が含まれていますね。立原の言説は後でけっこういじられる。精神としてはむしろファシスト寄りだったのではないか、と言う人もいます。あのまま行けば立原はナチを擁護するようなところまで行ったのではないか、と。だけどね、少なくともかれのドローイングと、建築について書いているものを素直に見さえすれば、ぜったいにそんなふうには読めない。批判力も含めて世界にも誇れる第一級の建築家だったというのが、ぼくの見解です。あれだけの詩が書けることからも分かりますが、建築エッセイもすばらしいものです。日本語もそこらの建築家が付け焼刃で書いたのとは格がちがう。プルーストやヴァレリーを原語で読んで、その水準で自分も詩を書いていた人ですから。立原の書いた建築論は、いまのわれわれが読んでも揺るぎないものでしょう。先ほどお話ししたロースと立原は、タイプはぜんぜんちがいますが、世界でもまれな言語力がある二人です。そして建築も一級です。こういう人が日本にもいたということは、われわれの自信になりますね。ところが、その割には知らない人も多くて、やっぱりいまでも脚を引っぱられているんじゃないかと、つい思いたくもなりますね。

立原には何か、手を突っ込むとヤバイという感じがあるのでしょう。みかけだけ見て安心して気を抜いていると嚙みつかれるようなところがあるんです。例えば、技術にしてもそれほど謳歌はしていませんからね。評価というより、技術の得体の知れなさのほうに驚いているようなところがあります。そのあたりもメジャーを自認する建築家たちは触りたくなかったのでしょう。ですから、なんとなく持ち上げてはいるのですが、肝心のところには向き合わない。建築を続けていたら一流になれたかもしれない、ただし「別荘建築家」として、というわけです。褒めているんですけどメインストリートには執拗に乗せようとしない。白井晟一の場合も似ていませんか。孤高の建築家という言い方に差別意識が働いていた気がしますが。

――白井晟一は人の評価や批判に対して表立って反論することがなかったように思います。人の評価に無関心だったのではなく、関心はあった。でも反論することではなかった。正確な理解を求めることにあまり固執しなかったところがあります。『近代建築』の編集長をされていた宮嶋圀夫さんが「白井さんは人見て法説く人だった」というように言われていたことと表裏なのかもしれません。

そこはすごいですね。ぼくなんか思わず言っちゃいますから。でも最近は、批判に対する受け手の抵抗力が極端に弱くなっているみたいですね。ちょっと言っただけで予想以上に強く響いちゃう。全人格が否定されたような気がするらしい。これを能力が低下しているように言う人もいますが、むしろメールやネットが生理的に潜在させている技術の粗雑さにも大きな原因があるんじゃないかとぼくは思います。

――鈴木さんがやってこられた「物質試行」は、建築の「物」であることを追求することによって、逆説のようですが、むしろ建築に「言葉」が生まれる、批評性というものも成立し得る、そういう試みとして捉えてきました。この国の文化は、建築に批評性というものの成立が難しいところのように思いますが、その中でずっと続けてこられた。

そこまで読み取って頂けることは嬉しいことです。でも、そういう意味では、ぼくは相当ナイーブだったんじゃないでしょうか。いまおっしゃったような日本の特性、言葉としての批評性が成立しないという日本の特性が、まさかこれほど強いとは思っていなかった。どうもそうらしいと気づいたのはつい最近のことなのです。ただ、どうでしょうね、いまでは国際的に見渡してもそうかもしれませんよ。いまだにル・コルビュジエがあれだけの評価を受けていますからね。あれはもうほとんど自己増殖状態です。自己反省が抑制として働かなくなっているメディアそれ自体の体質なのかもしれませんね。ル・コルビュジエ自身がメディアの、まさにこのウィーク・ポイントを狙った節もあります。建築家としてメジャーになるには、成功者ル・コルビュジエのメディア戦略が極めて効果的であることを知っているので、追随者はその方法をいまだに踏襲している。

思い返してみると、二〇世紀で自己反省しないのが「技術」と「メディア」なんですね。ですから、無色透明みたいな顔をしているけれど、どちらも反射的に、自己反省的なものが内部に紛れ込むのを怖れてもいる。メディアそのものへの批判が始まると、だいたい圧殺されるか、祭り上げられるかのどっちかになっています。おそらく、この二つの問題を批判できなければ、さっきロースのところでお話ししたような二〇世紀初頭に感知された人類崩壊の危機への応答にはならないのではないでしょうか。いくら体制の批判を繰り広げる左翼であれ、右翼であれ、技術とメディアにだけは両方ともおなじように肯定的なので、核心部分では結局深まらない、という気がします。

だけど難しいのは、その二つを批判すれば、じゃあお前はどうなんだ、ってすぐなることですよね。お前だってメディアのメリットにあずかっているじゃないか、電気だって使っているじゃないか、ってね。そのときわれわれはどう返答できるのか、そういうところにいま状況は来ているのでしょう。大きな難問です。ただその居心地の悪さを避けて通るのではなく、そこに少しでも感じることのできる反省のような、躊躇するような反応を認めたほうがいいことを、われわれもそろそろ分かったほうがいい。ハンナ・アーレントが『カント政治哲学の講義』(法政大学出版局)の中で、カントを生涯にわたって悩ませたという「理性のスキャンダル」という問題について言っていますが、その意味は、ぼくの理解ですが、理性にとってそれが理性的であればあるほどいいとは必ずしも言えない、ということです。ある段階を超えて理性が突き進むとスキャンダルに至ってしまうという逆説。日本語訳では「理性の不面目」となっており、それは「理性が自己自身と矛盾する」という意味です。それに倣って言えば「技術のスキャンダル」というような状況に入り込んでいる。技術だけが自動運動するようにノーコントロールのまま行ってしまう。その結果、3・11が起こって大災害に見舞われても、相変わらず反省しない。かといって「じゃあやめた」と言えるほど簡単ではないらしい。まるで戦争末期の日本帝国の負け戦のようにも見えてきますが、少なくともいま明らかなのは、戦線はすでに大きく突破されているので、いよいよちがう戦略が要るということじゃないでしょうか。感受性のある若い人たちが、この難局に、どういうアイデアをもって対応していくのかいま注目しているところです。

最近は、自分のメディアは自分でつくるという人たちや、仕事以外で活動する小さなグループが自分のまわりにいくつか存在しうる状態になっているのではないでしょうか。それらがうまく連動すれば、表の社会とは別に、もう一つのちがう社会を作り出すことができるかもしれませんね。表の社会の中枢を変革するというのは、もうほとんど無理ですし、いつまでも待ってはいられないでしょう。根本的に考え方を切り替える必要がある。

ではどう変えるのか、そこからは難しいですけれど、人類の繁栄を前提にするといったきれいごとから始めるのではなく、反対に、滅亡を前提としてそこから考えてみるとか、です。いままでブラックユーモアで言われていたことが現実味を帯びてきていると思います。

——そういうことへの気づきというのは、3・11以後の社会にはあると思われますか。

大きな動きとしては出てこないですよね。でも、個人的には、むしろ、目立たないささやかなくらいの小さな動きに関心を持っています。若い世代に期待するというような楽観性は少しも持ち合わせていませんが、でも、表の社会に出てくるものにはまったく興味もないし期待もしていないと思っている人が、若い世代に急に増えてきているような気がしませんか。金は入るけどつまらない、あるいは、面白いけど金は入らないということは、いままではごく当然のことだという感じではないでしょうか。食えなくなってしまうのは困るけど、でも、ときどきは、儲からなくても面白いことをやりたい、という二重生活状態がだんだん普通になりつつあるような気がします。建築ではまだ分かりませんが、音楽や映画ではよく見かけます。ここで特徴的なことは、自分たちのやっていることをあえてマス・メディアに無自覚に流出させないという抑制を知っていることです。広まれば広まるほどいいとはまったく思っていない。いままでとはちがう経済学が働いています。しかも、面白いものは、ぼくの見る限りですが、まちがいなくそこからしか出てこない。

そのときに、古いものに目を向ける、というのは手続きとしてあるのだと思います。しかし、古いものへの接し方はぼくたちの世代とは相当ちがうでしょうね。現代は、古いものも新しいものも時間差なく、いわば、ごちゃごちゃに並列するようになった時代ですから。まさにサンプリングとミキシングとダビングの、ヒップホップの世界とも言えます。「ＭＵＺＥＵＭ」のところで話題にした三宅唱監督が二〇一四年に『ＴＨＥ　ＣＯＣＫＰＩＴ』という映画を撮っています。ヒップホップの少年が一つの曲をつくっているところをただひたすら追っているのですが、昔のジャズとかゴスペルなんかの中古のレコードを買ってきて、ターンテーブルに乗せ、その場で回転数を変え、周波数も変え、それこそ「ＤＵＢ」をかけながら、切り貼りして曲をつくっていく。それがね、われわれには想像もつかないような手続きでやっていくんですよ。古いものを聞きながら、自分たちの力にしているんですよね。変形された音はたしかに新しいですよ。しかしレコードに入っている音もリスペクトされている。どの音源のどの部分かも分からないかもしれませんが。建築も、古いものに向かうというのは、これからはサンプリングに近いことになるかもしれない。

――それにくっついているイデオロギーや妙な観念を取り払って向かい合ったときに新たな創造に結びつく可能性を持っているということですね。

そのときに、白井晟一と「原爆堂」が、また、ちがって見えてくるのでしょうね。ぼくたちが思いもしなかったような方法で、もう一度、作品から面白いところを取り出していくんだと思います。そのときには、孤高といったレッテルはもちろんのこと、折衷的とか、様式性とか、メタファーとか、アイロニーとか、手法とかいったような埃っぽい言葉は、それを根拠に成り上がっていた建築と一緒に吹っ飛んでしまうでしょう。古いものに対するいままでの扱い方からすれば、いささかあらっぽいかもしれないような、そんな新しい扱い方に対しても、白井晟一の作品は十分に応えてくれるとぼくは思います。

加藤典洋

未来と始原の同時探求

まず申し上げておかなくてはいけないのですが、ぼくはこれまで、白井晟一という建築家についてはあまり多くを知りませんでした。飯倉の交差点に建っている「ノア・ビル」は近くを通りかかって雄渾な建物だなと感じましたが、今回の話をいただいて、あの建物を設計した人かと気づいたくらい。ですから、ほとんど初心者です。このたび、いろいろと読ませてもらい、自分でも少しだけ足を運んで白井晟一の設計した建物の中に入ってみた。今日はその初印象をお話しする、ということになります。

エッセイ集の『無窓』を読んだのですが、この人のさまざまなものの考え方が、自分の考え方、とくに一九九〇年代の仕事、また3・11以降に試みてきたことと無関係ではない、というふうに思いました。その辺りのことにも後で少し触れますが、まずはその印象のきっかけを三つのディメンションからお話しします。一つは文章、もう一つは建築の写真や図面など。そして三つ目は、実際の建築を見て思ったことです。

白井晟一の書く文章は、ヨーロッパ語的な素地があって、とても論理的ですね。分かりやすくはありません。とっつきにくい文章です。ぼくの感じでは、養老孟司さんの文章に近い。養老さんが書く文章は、読みづらいんです。だからしゃべった本がベストセラーになったわけで、しゃべりの文章じゃなかったら、とてもじゃないけどイージーには読めない。養老さんとはいささかお付き合いがあるので言うのですが、これはご本人にも自覚があるはずです。白井晟一の文章も、読んですんなり分かる文章ではない。建築雑誌に載っているような文章とはまったくちがいます。言うならば、強度ある謙虚な印象、を受けます。

ふつう謙虚な人というのは、本当はこう思っていてもそこをへりくだって、少し手控えして話しているという感じで理解されるわけですが、それとはちがいます。白井晟一の場合、謙虚さの物言いが非常に率直な物言いとおなじです。壁を静かに押しているのだけれど、手加減をしているという感じではない。力は抜かずに、静かな、厚みのある力をかけている。動かしているのは薄い壁でも、それを、厚い壁を動かすのとおなじ姿勢、おなじ力の入れ方で動かしている。それがゆったりとした力になっていて、謙虚な物言いになっているのでしょう。読んでいると、非常に堅固でかつ体温のある木質の感じがしますね。養老さんの書く文章もそうですが。厚く重い壁も、薄く軽い壁もおなじ力のかけ方で動かす、そんな力の用い方をしている。だから分かりにくい。厳しいけれども、同時にゆったりした感じを受けます。

次に建築についてですが、一九五一年に秋田に建てられた秋ノ宮村役場の図面をつくづくと眺めていて、いいなあ、と思いました。いくつも勝手な素人の発見がありました。楽しかった。図面を見ると、村長室、宿直室、会議室など、アイテム自体は昔からの村役場のままで、一階の小使室や宿直室、二階の談話室は畳敷きの部屋になっています。村役場の機能からいって、昔からそういうふうにしてきたわけですよね。そういうものが全部活かされています。戦後すぐの特異な設計家の作品という観点から言うと、じつに相当に謙虚なんです。昔からの村の仕組みを近代化しようというのではない。そうではなくて、そこでの仕事、生活をリスペクトしたうえで少しでも楽しく、過ごしやすくしようと自分のほうから黙って近づき、寄り添っている。

見ていただくと分かるけれど、ポーチはゆるいカーブになっているほか、一階の客用土間とされているところと、その奥にある事務室とが、ここも、大きな湾曲したカーブで仕切られています。これまで日本の村役場の室内に、ゆったりしたカーブの仕切りってあったでしょうか。二階には板敷きの会議室が広いスペースをとっていますが、それに隣接して八畳くらいの和室が二つ並んでいて、そこは「談話室」なんです。実際にここに来た人は会議もするし、談話もする。白井晟一の言う「談話」って、村の「寄り合い」ですよね(笑)。談論するときは畳の上です。秋田の冬なら、こたつが必要でしょう。こういった、ちがうものが一緒になって、隣接している。秋田の村にケストナーの少年小説の村役場が何気ない様子で建っている。そこに一つの緊張のポイントがあるという感じがします。

理念と生活というような、ちがうものが隣り合うとき、そこに生まれる一種の創造的な内的緊張を指す言葉に「掙扎《そうさつ》」という言葉があります。竹内好が『魯迅』の中で使っている言葉で、もとは中国語のようです。ぼくは鶴見俊輔の本でこの言葉を知ったのですが、中国人の研究者の孫歌という人が、この言葉について、原義は「抵抗」なのだが、外に対する抵抗ではなくて内に対する抵抗なのだと、面白いことを言っています（清華大学人文社会学院講演「竹内好に学ぶこと」二〇〇九年三月六日）。擦れる、ということですね。内部で擦れて内出血が起こる。そういう内的な抗い。

似た感じの内外に起こる擦れ合いを示す言葉に、「啐啄《そったく》」という表現もあります。これは、ひよこが生まれるときに親鳥が卵の上に近づいてくると、その気配で卵の中からひよこがコツコツと殻を柔らかいくちばしでさわる。おなじところを親鳥も外からつつく。もう生まれる準備は出来たかい、とそうやって内と外とで呼吸を合わせることを「啐啄」と言うらしい。

こうした伝統的なものとの隣接の仕方にも、おなじ強度ある謙虚さが感じられます。ここで白井晟一は日本の戦後の東北の村に隣り合っているのですが、なにかその、隣接の在り方に、思考の深みや経験の厚みのようなものが出ていると思います。

あと、三つ目ですが、これは実際の建築を訪れてみて、やはり感じられたことです。都内で見られる白井建築も少なくなっているということで、教えていただいたもののうち、中に入ることのできる渋谷の松濤美術館に行ってみました。限られた敷地に立てられた美術館ですので、狭い空間に光をどういうふうに入れるかが工夫されています。あと狭さを感じさせないように内部の空間にはやはり楕円やカーブが多用されています。スマートフォンで写真まで撮ってしまいましたが、トイレの個室のかたちにも、カーブが取り入れられている（笑）。むろん狭さ対策でもあるのですが、そんな本当に細かなところにまで意匠が凝らされている。建物の外に出ると、松濤は住宅街ですから、まわりはマンションに囲まれています。でも石の壁がそそり立つようで、やはり雄渾で圧倒的な重量感が異彩を放つことをやめていない。外から見ると閉ざされている。しかし中に入ると、外に開かれている。とても洒落ていて、なにか牡蠣貝の外から中に殻を透過してすっと入り込んだ感じに近い。その落差が何とも言えないと思いました。

帰途、大通りに出てから振り返ると、裏手がどこかの駐車場になっていて大通りにまで繋がっているので、そこからちょっとだけ美術館の建物が見えるのですが、殺風景な中に、ちょうど建物のお尻が見えていて、それが空に綺麗なカーブを切っているんです。見返り美人ではないですが、後ろ姿の美しさにも強い印象を受けました。ぼくは専門家でもなんでもないので、素人の感想ですが、やはり内側と外側、インテリアとエクステリアというか、その隣接の関係がひどく独特だと思いました。つくられた時代がいつなのかとか、そういうことを超越した独自の堅固さや力強さ、隔絶感というようなものを強く感じました。

——秋ノ宮村役場については、発表時にコメントを書いていますが、没後、便箋四枚で用意された竣工式のスピーチ草稿（『白井晟一の建築Ⅳ　初期の建築』所収、めるくまーる。図面も同書に収録）が見つかりました。実際に読み上げられたものかどうかは分かりませんが。

ええ、あのスピーチの草稿は面白いですね。「はじめに村の幹部諸子とご懇談致しました時のことは残念ながら非常に不快な思い出でありました」などと書いてある。エッセイのほうはもう少し抑えられた文章ですが、そこにも「嘲笑」や「悪罵」といった言葉が見られます。当初は、なにかそういう否定的応対があったのでしょう。ただ、そういった「好条件のなさ」というか、悪条件に対して、それを、ある胸の厚さでずっしり正面から受け止めるというようなところが、白井晟一にはありますね。求めず、訴えない、施主との関係というのでしょうか。そこにこの人のテイストがある。

建築家にもいろんな人がいるでしょうが、ぼくは基本的に、建築家は一般に、少し軽い人たちだなという不遜な不信感を持っているんです。お金がないと成り立たない仕事ですから、プレゼンテーションやらプロジェクトやらと、ロ八丁手八丁の手合いの人たちが多い。極めて優秀な人が、極めて有能で、そのロ八丁手八丁ということと折り合いがいい。そのすべすべした感触から独自の間合いを持ち続けるには、よほど気をつけないといけませんし、よほど人間がしっかりしていないといけない。先端的な建築家ともなると、一つのコンセプトでお金を集め、その仕事が終わると、また別のコンセプトを立ち上げる。そうやってずっと通過していく。一種の電通・博報堂的な軽薄さを身につけないとやっていけない。建築雑誌の特集もそうやって組まれていますね。

学生の頃、一九六〇年代の終わりでしたか、当時『都市住宅』という建築雑誌があって、そこになかなかすばしこい友人に誘われて、わりと長い文章を書いたことがあるんです(一九七〇年四月号「未空間の疾駆」)。原稿用紙六〇枚くらいの、まあ新奇な文章ですね。テクスト論の更新の主張を掲げ、空間を時間の次元に流し込んで、執筆途上の生成されつつあるテクストをまだ空間になっていない「未空間」という概念で捉える。それで空間の作品としての建築も考えてみようというような、すばしこい論考でした。そしたらそれを編集部の人がヘンに面白がってくれて、こんど磯崎新さんと対談しないか、なんて言ってきた。慌ててお断りしたのですが、そのときの話の手早さ、軽さの印象が身体に残っています。ちょっと面白いことを言って、そこをやりつくすと、また別の新しいコンセプトで集まる。文学のほうでもポストモダンが出てくると、みんながそれに飛びついて、ということがありますけど、ああ、またか、という気分で……、ぼくは早々にそういう世界から離れました。それ以来、だいたい時の主流とか先端とかという場所からは離れた位置で、だいぶもの分かりのわるい人間として文筆の世界を生きてきたわけです（笑）。

ところで、そういうふうに、みんながせわしなく動いているのに対して、白井晟一にはまったく異質なものを感じます。外国には、そういう、一人で立っているような建築家もときにはいるようですが、日本にはこういう人は極めて稀ですね。ほとんどいない。経済的な制約をはじめとして、施主との関係、学閥など人的コネクションの問題、企業との関わり、そういうことを考えると、この強度な謙虚さとも言うべき白井晟一の〝独異〟

さはいよいよ際立つのですが、そういう白井晟一の現実との対し方、そして考え方が象徴的に現れているのが、今日のお話の主題でもある「原爆堂計画」だろうと思います。「原爆堂」は、どうやってお金を集めるかとか、どこに建てるかとか、そういうことを全部スパッと切っている。そのうえで、周到で精密な準備と考察が全力を込めておこなわれる。そこに絶対的な離隔、〝独異〟的な性格があります。

「原爆堂」のこういった在り方を考えるとき、頭に浮かぶのが、何かで読んだカントの理念についての考え方です。カントは理念を「構成的理念」と「統整的理念」という二本立てで考えています。このうち、「構成的理念」というのは、現実との関係を「接続(繋がり)」の相のうちに捉えたときに現れる理念の在り方ですね。理念と現実の間に「橋」が架かっています。その場合、理念は実現されるべきものを意味します。ですから、どうしたら実現できるか、という問いがついて回ります。普通に言われる理念というのはそういうものですね。実現をめざし、その可能性を高めるべく努力することが、理念、理想を追求することになる。

でも、理念にはもう一つ、別の在り方を示すものがあって、それも大切な理念の働きを体現しています。それが「統整的理念」です。こちらは現実との関係を「離隔（隔たり）」の相で捉えたときに現れる。理念と現実の間に架けられた「橋」はいったん落とす。実現の手立てがどうなっているか、どう実現できるか、ということは考えない。そのうえで、とうてい自分の生きている間には実現できないかもしれないけれども、目標としてある理念、理想が、そこにあることは、自分たちにとって、人類にとって必要だ。そのようなものとして掲げられる理想、理念があるだろうというのです。そういう存在理由から要請される理念も、なくてはならない、それを「統整的理念」と呼ぶというのです。「原爆堂」には、この「構成的理念」と「統整的理念」の二つがある。この二つのものの葛藤、拮抗が生きられている、というのが、ぼくの第一印象です。

――「原爆堂計画」が発表された一九五五年には、建築界では伝統論争が大きな盛り上がりを見せていました。それは当時の『新建築』編集長・川添登が仕掛けたものと言われています。おなじ年の一月号に丹下健三が「近代建築をいかに理解するか」を寄せて、それを皮切りに翌五六年までに篠原一男や池辺陽、吉村順三などいろんな人が論陣を張っています。そんな中で五六年八月号に白井晟一が「縄文的なるもの」を発表し、伝統論争はピークに達します。

白井晟一は「原爆堂計画」を展開する一方、伝統に触れたいくつかの文章を発表するわけですが、たぶん両者の間には繋がりがある。おなじ時期に二つのラインが並行しています。主な舞台はいまおっしゃった『新建築』という雑誌です。第一のラインとしてはこの雑誌の五五年一月号に伝統論争の端緒となる丹下の「近代建築をいかに理解するか」が載り、やがて翌五六年八月号の白井の「縄文的なるもの」に向け、伝統論争が展開されていきます。しかし第二のラインでは、五四年の一月号におなじ丹下と丹下の参謀格の浅田孝らによる「廣島計画」をめぐる一七頁にも及ぶ経過報告が載っており、広島の平和記念都市計画が進行している。ついで三月にはビキニ環礁での水爆実験による第五福竜丸の被曝事件が起こる。そういう中、白井の準備がなされ、この雑誌の五五年四月号に「原爆堂について」という文章が載っているのです。

この二つのラインにどんな繋がりがあるのか。これについて考えることが、「原爆堂計画」を現実と理念の幅でおさえるうえにとても大事なような気がします。

伝統論争のほうから言うと、五六年八月の「縄文的なるもの」のふた月後に、媒体を『リビングデザイン』に移して、一〇月、「豆腐」が書かれ、その翌月に「めし」が書かれていますが、もともとは文章を発表するのが仕事でなかった人が、これだけの文章を立て続けに書く。白井晟一が、いまおっしゃられた論争の流れを全部見た上で、そういうものじゃないんだというので、自ら進んで書いていることが分かります。

だけど面白いのは、一方は「原爆堂」で、もう一方は「豆腐」やら「めし」でしょう。一見まったくかけ離れたイメージのものが、白井の中で同時並行していることです。しかし、よく見ると、「原爆堂計画」と伝統論の文章展開と、双方が（後者の「縄文的なるもの」も含め）しっかりと対応していることが分かります。つまり、伝統についてここまで始原に向け遡及して考えなければ、「原爆堂」のような未来永劫まで続くものは構想できない。もしこういうものを日本という場所で、原爆を落とされたという経験がある中で、世界の未来の祈念に向けて構想しようというのであれば、それを支える自己省察、おのれの文化の源泉への態度は、どのように深く厚いものでなければならないか。そういうことを、明らかに白井晟一は頭に置いて書いていています。

吉本隆明が『アフリカ的段階について——史観の拡張』（春秋社）という著作の中で、歴史を外在史（意識の世界）と内在史（動物生の世界）に分けた上で、外在史の未来の先まで考えることが、もし人間全体にとって意味を持つとしたら、それはその未来への呼びかけが、アフリカ的な段階という人間の内在史の始原への遡及の試みと一対でおこなわれるときでしかない、と言っているのですね。世界に向けての未来への祈念は、どのような伝統における始原への遡及に裏打ちされなければならないか。その未来と始原の同時探求ということが、やはりここで白井晟一の頭に置かれていると思うのです。

カギは、「豆腐」の中で語られる「『用』の美同一」という言葉です。つまり、美は、人がそれを用いる、食べる、それでもって生きる、という「用言」（動態）のかたちに置かれるときに、単に「体言」（対象）であることを超えたダイナミックな「美」として更新される、ということですね。縄文にはそういう動態としての美があった。それを弥生は、対象的なもの、単に見られ、思考されるもの、生きられるとしても私的に小さく生きられ得るものに変えてしまった。それは美術と建築についても言えるでしょう。見る対象としての美術が上位で、人の用に供される建築が下位なのではない。また、統整的理念（隔たり）が主で、構成的理念（繋がり）が従だというのでもないのです。「縄文的なるもの」から「豆腐」へ、「豆腐」から「めし」へ、そして「めし」から利休の顕彰であるとともに利休の根こそぎの批判でもある「待庵の二畳」まで。そこにある「動かないもの」と「動くもの」、現実化し得るものとそれを拒むもの、これらを広く、先の構成的理念と統整的理念の内的なせめぎ合い、「挣扎」として、受け取ることができるのではないでしょうか。

ポイントは、伝統をも「原爆堂」の祈念をも、白井晟一が二重の構造のうちに捉えているということにあります。

「縄文的なるもの」が他の人たちの伝統論と決定的にちがうのは、縄文と弥生の葛藤のうちに伝統を捉えようとしているところです。では縄文と弥生の葛藤とは何か。たぶんニーチェの『悲劇の誕生』が念頭に置かれているのでしょうが、ギリシャ文化において悲劇とは何か、というと、ディオニュソス的なもの（陶酔の力）とアポロン的なもの（明晰の力）がぶつかり合って、そこから生まれてくるのが悲劇の力だというのがニーチェの考えです。しかし、そのうちディオニュソス的なものがアポロン的なものに駆逐されて、ギリシャが明晰なものだけになってしまうと、悲劇は消え、やがて文化も滅びる。そのようであってはならないと、白井晟一は、「弥生的なもの」に席巻された伝統観の中で、「豆腐」の「用」の美、「めし」の「祈念」の意味と、形にならない「縄文的なもの」の力の出所をさらに始原に向かって追尋していきます。それがこのとき、「原爆堂計画」における「かつて人々の眼前に表われたことのない造型のピュリティ」の追求と白井晟一の中で並行しているのです。

縄文的なものと言えば、これまでは岡本太郎的なものが名高いわけですが、白井晟一の考えはこれとはちがいます。これだと弥生と対立する。しかし白井の伝統論では、この二つが二階建てになっていて、互いにせめぎ合う違和の構造をなして存在しています。そのせめぎ合いから生まれる「力」が伝統の強度だというのです。

最近、ぼくは、この互いにせめぎ合う二層構造という在り方がいろんな場所で露頭してきていると感じています。一つの例は、去年（二〇一七年）刊行された東浩紀さんの『観光客の哲学』（ゲンロン）という本です。東さんは、現在の世界に生きる人たちの生存の在り方を、上半身は意識的存在の人間だが、下半身は動物的存在のヒトだという具合に二層のかたちで考えると、うまくその特徴が捉えられるだろうと言っています。意識レベルでは政治のことなどを考えながら、身体レベルでは国境のない世界に身を置いているとも言えますし、意識レベルではインターネットの世界で遊びつつ、身体はしっかり国境のある世界にとらえられているとも言えますが、一身にして二つの生を経ている。古代ギリシャの概念で言うと、一つがビオス（意識存在）としての人間、後者がゾーエー（生き物）としてのヒトとなるのですが、その二層構造を抱えた生が現代人の生だというのです。

何気ない提案と見えますが、これは、これまでの見方に対する的確な反措定となっています。二〇世紀前半の哲学者たち、アレクサンドル・コジェーヴとか、カール・シュミットとか、ハンナ・アーレントという人たちは、それぞれの仕方で、新たに動物的な人間存在が従来の古典的な意識存在としての人間を駆逐しようとしていると主張し、動物としての生を否定しました。これに対し、二〇世紀末くらいから、こんどはアントニオ・ネグリというような人たちが、この動物的な群衆存在としての生（マルティチュード）こそが未来に向けた希望だと言い、古典的な意識存在としての人間をもとに考えては世界を捉えられないと反対主張をおこなうようになります。しかし東さんは、いや、そのどちらでもない、この二つが二層性をなしている、それを現在の人間の条件とみなせばよいのだ、と言うのです。

じつは、ぼくはこのような在り方の可能性に、3・11以降に気づかされたのですが、白井晟一の考え方におなじ二層性のうごめきを感じています。白井晟一がすごいのは、こういった文脈で、じゃあ「縄文的なもの」ってどういうものなんだと誰もが思うところで、具体的に例を出してくるところですが、これは、かれが概念としての縄文にも弥生にもとらわれていないことを示しているでしょう。「縄文的なるもの」で白井が出してくるのは、伊豆韮山の武士の居館、江川太郎左衛門邸です。これは貴族の書院建築ではないし、農商人の民家でもない。「虚栄や頽廃がないのは当然だが、第一、民家のような油じみた守銭の気配や被圧迫のコンプレックスがないのは何よりわが意を得たものである。私はかねてから武士の気魂そのものであるこの建物の構成、縄文的な潜力を感じさせるめずらしい遺構として、その荒廃を惜しんでいた」。この縄文的なものの捉え方には、人をあっと言わせるものがありますよね。武士の居館と縄文的なものとは、概念的に考える限り、まったく繋がりませんから。さらに、白井晟一は、建物から声が聞こえてくると言います。「友よそんな調子でなく、もっと力強い調子で」と。建物がそう呼び掛けてくると言うんです。これなんか、ロ八丁手八丁の建築家の設計コンペのプレゼンテーションには、とうてい出てこない言葉です。

「ガウディの聖堂」という文章では、「創造的な造型の最も高い基準は、聖と俗の融合であった」と書かれています。こういう言葉から感じられるのも、白井晟一の強力な美についての考え方です。ふつう、建築家は美術家に比べて、「俗」の世界に近いところに生きていると考えられています。施主の要求は拒めない。何しろ作品をつくるのに、お金がかかるからです。しかし、「豆腐」ではないが、美は「用」の中でこそ生きる。見るだけの絵画と、人がそこに住み、それを使うことで接する建築と、どちらに「創造的な造型」の可能性があるか。むしろ「聖と俗」のダイナミックな融合の場であり得る建築にこそ、大いなる可能性があると白井晟一は考えているのではないでしょうか。

——一九五四年三月にビキニ環礁で水爆実験があって、ほぼ同時期に「原爆堂計画」のアイデアが白井晟一の頭に宿る、と川添登は書いています。四九年に「広島平和記念公園及び記念館」のコンペがあって、全体のコンセプトについて丹下案が通ります。そして五二年に「原爆死没者慰霊碑」ができ、五四年「広島平和記念公園」が開園するわけです。この「広島計画」は、戦時下、丹下が「大東亜建設記念営造計画」のコンペで一位をとった「大東亜道路を主軸とした記念営造計画——主として大東亜建設忠霊神域計画」と類似したコンセプトで、それが批判されたりもしたようです。

『日本原爆論体系』(日本図書センター)という政治学者の坂本義和さんらがつくった全七巻の本があるのですが、その中に「広島平和記念公園」がどういうふうにつくられたか、その辺りのことが詳しく出ている巻があります(第七巻、石田宣子「過ちは　繰返しませぬから——碑文論争の歩み」。

また濱井信三『原爆市長──ヒロシマとともに二十年』も)。それを読むと、広島は敗戦直後、原爆でやられてお金も何もなく、どうやって復興したらいいか分からないのです。日本は占領されているので、特殊な爆弾でやられたから特別な予算をつけてくれと要求しても、ダメなんです。それで、いろいろ交渉を試みるうちに知恵をつけた人が、原爆による惨害はこれほど大きいということではなく、広島は原爆被害をこえて未来の平和のために復興するというポジティブな「平和記念公園」のアイデアを考える。そうすると、これは使えるというので、占領軍はお金をつけるわけです。そこから平和プロジェクトが始まっていく。ですから慰霊碑の言葉にも、米軍が落としたということは書けない。「過ちは繰返しませぬから」というような、主語がないものになる。おなじく「原爆」という言葉は、この平和記念公園計画の中で、禁句となります。

こうやってずっと進んでいく平和記念都市計画を丹下健三のチームは中心的に担っていくのですが、そのプロセスを白井晟一がどう見て、何を感じ、考えたのかということには、とても興味がありますね。もしかれが日記でもつけていたら、それは戦時下の清澤洌の『暗黒日記』にも匹敵するようなものになっただろうと思うくらいです。しかし書き残されたものは多くない。氷山の一角が出ているだけ。そのもっとも際立つ「一角」として「原爆堂計画」があるということなのだと思います。

白井晟一は独学の建築家でしょう? 信じられない力量ですが、一九三三年に帰国したときはほとんど無名です。三五年に義兄の近藤浩一路邸を設計したのに始まり、三七年に歓帰荘、四一年に嶋中山荘、清澤山荘と、すぐに白井の力量に刮目した施主を得て建築設計の仕事を始めるのですが、これらはほぼ個人的な繋がりから生まれた仕事なのではないでしょうか。戦後、秋田でいくつかの仕事を手がけ、五一年、秋ノ宮村役場が注目されると、四年後に「原爆堂計画」を出しています。それが一部に大きなインパクトを与えて、その翌年には伝統論争の中心に立つことになります。つまりその頃になると、明敏ですばしこいジャーナリストである川添登の眼力がここに丹下健三に匹敵する、対極的な建築家の存在することに気づく。そして白井に接近しその薫陶を受け、影響を蒙るかたちで、白井晟一と丹下健三との対峙というスケールの大きな構図が建築の世界の中に一時期、現れるわけです。

もっともその後、『新建築』騒動というものがあって、川添以下当時の編集部のスタッフが全員更迭される。それに抗議して建築家たちも当初は作品掲載および執筆拒否などをおこなうものの、ほどなく新体制に恭順してしまうのですが、しかし白井は長くその姿勢を通す。そのため、『新建築』から遠ざかるということになったようです。

これに対し、丹下健三は戦前からの秀才建築家で、かつチームで仕事を進める人です。かれ自身はそれほどコンセプチュアルな人ではなくて、右腕の若いブレイン浅田孝が大きな役割を果たしています。この人は、浅田彰の叔父さんですね。それこそ口八丁手八丁の人で、おそろしく頭の回転が速い。つまり、自分自身はつくらない建築家で、プレゼンをしてお金を取ってくる。他にもいろんな人材がいて、チームでやっていく。またチームの誰かが会社や官界、実業界とかそういうところと繋がることから勢力圏が生まれてくる。やっぱりそこは学閥の力も大きい。東大閥というものが控えている。それに対して白井晟一は一人です。一人で立っている。丹下的なものに一人で対峙している。そこから、こういう、ほとんど空前絶後の計画が生まれてくるわけです。

ここまで見てきた一九五〇年代の白井晟一の活動は、「原爆堂計画」と伝統論争の双方で、それぞれ丹下チームの仕事とじつは向かい合っている。そういうことが分かります。

これは、白井昱磨さんが「白井晟一と原爆堂の背景」(『白井晟一の建築Ⅳ・Ⅴ』所収、めるくまーる)という論考に書かれていることですが、白井晟一の「縄文的なるもの」はなぜ書かれたか。そのふた月前におなじ『新建築』に発表された伝統論(「現代建築の創造と日本建築の伝統」)の中で、丹下がこう言っているのですね。

まず、「みやび」「すき」「わび」など日本の伝統的美意識は現実認識として弱い。寝殿造りや和歌など、建築、文学の作品には自然への寄りかかりがある。また伊勢神宮とその森に現れているのは国家の専制性、アニミズムの形象化である。それらの抒情詩的なものに総じて欠けているのは能動的で実証的な叙事詩的な姿勢である。ヨーロッパ文明の「自然と対決し」「自然を克服する」意志に学び、旧来の日本的伝統の弱点を克服することが、いま求められている、と。

で、これは昱磨さんが指摘していることで、白井晟一はいっさい、こういうことには言及しないのですが、じつはおっしゃるとおり、この丹下の伝統論は、丹下が一九四二年の「大東亜建設記念営造計画」コンペで一等賞を取ったときの文化論の理屈とまるきり反対になっている。そのときには、丹下は「英米の金権的世界支配の欲望」を形象化したピラミッドなどの建築物に対し、「自然と営造との渾一せる地域」を「忠霊神域」とするという無手勝流的なアイデアで、大なり小なり記念碑的な建築物を用意したライバルたちの案を一蹴して、コンペであざやかな勝利を収めているからです。五五年の伝統論は、四二年の「大東亜建設忠霊神域計画」を戦後的にひっくり返したもので、他方、「広島平和記念公園」コンペでふたたび一等賞を取る「廣島計画」のほうは、このときのコンセプトをほとんどそのまま適用して、「大東亜道路」を「平和大通り」に転用したものとなっている（笑）。

そういう在り方に対して、白井は、ちがう姿勢を示すわけです。なぜ、日本の建築家の中から白井以外に「核の問題に向かいあう建築表現を試みるものが生まれなかったのか」と昱磨さんは先の論考で問われていますが、その答えが、この伝統論と設計計画の立ち上げ方、考え方における丹下的なものと、白井的なものの対位のうちに、表れていると言えるかと思います。

丹下的なものとは何か。ぼくがいま少し勉強している憲法九条の問題の中で、戦後の丹下に近い人を探すと、憲法学者の宮澤俊義になるだろうと思います。かれは美濃部達吉の後継者として東大の法学部で憲法学の筆頭教授を務めるのですが、一九三五年の天皇機関説事件のとき、師である美濃部を裏切る。その後、完全に皇国思想的な憲法を擁護して、それでいて戦争が終わった後は、自分はずっと社交ダンスを踊っていたとか書いてしまう。いろいろ変節があった人ですが、まあ正直と言えば正直な人なんです。そのかれが、一九四六年に丸山眞男のアイデアを承けてＧＨＱの憲法草案採用を正当化する八月革命説を提唱する。そして戦後の憲法学の正統の位置に立つ。頭はたしかに良いし能力にもたけているわけですが、本人は何も考えていない。考える人、一人で立つ人ではないんです。状況と周囲が、かれをそういう立場に祭り上げるのです。

五〇年代、「廣島計画」で賞を取った丹下のチームは、その後六〇年代、七〇年代を、ほとんどおなじようにして過ごします。コンペで一等賞を取って、なかなかにすばらしい建物をつくり続けていきます。それに対して、白井晟一を孤高の「哲人建築家」などと言うつもりはありません。そういう話ではないのだろうと思うのです。建築というものはどのようなものでありうるか、という問いが、ここにはある。あるべきか、ではなくて、ありうるか、という問いです。

白井晟一の在り方を指してぼくは先ほど〝独異〟な人と呼びましたが、かれはあるべき建築家の像を目標に、そのモデルに自分が近づこうとしているのではない。あるべきモデルのその先に新しい在り方を自ら作り出そうとしている。そういうところが、後継者を持つ創始者たちとちがい、孤独だけれども人とともにあるところだと思うのです。

人々とともにあって、かつ孤独であること。まともな建築家というのはそういう人でしょうが、白井という人もそうだと思います。本当に、時代の中では隔絶した存在でしたが、それでもこの白井晟一に大きな仕事をさせるだけの環境が日本の戦後にあった。そのことが救いだと言えるのかもしれません。

——建築界の意識や常識とのズレというものが最初からあったのかもしれません。例えば伝統論争にしても、丹下と白井では論じているレベルがまったくちがう。そこが見過ごされ、単純な対立構造としてしか議論がされないまま進んでいきます。

白井晟一が学生の頃に、思想的な影響を受けた知識人に戸坂潤がいますね。かれは日本の第一級の知識人でしたが、一九四五年八月九日、敗戦の直前に獄死します。九月二六日には、戸坂に影響力のあった三木清がやはり獄死する。ともに疥癬です。三木の場合には腎臓病の悪化がそこに加わる。

日本の昭和期の知識人の中で、戦争中にとらえられ、共産党の抵抗と非転向の物語の外部で、刑務所の劣悪な環境のもとに放置され、敗戦のどさくさの中で斃死した知識人といえば、この二人にまず指を屈しますが、その二人にごく近い位置に白井晟一がいたということは、果たして偶然なのかと思います。節を屈しないで死んでいく。しかし、いまなお、この二人は、いわゆる非転向の物語などの外部に、定義されないまま浮かび、漂っています。戸坂のような人は、日本の社会ではどこにも回収されない。白井晟一はヨーロッパから帰国後、戸坂とどのような交渉を持ったか、ぼくには分かりませんが、当然かれらが検挙され、獄死していくという動向を、他の人とはちがう位置から注視していただろうと思います。

「原爆堂について」には「戦争のない永久平和を祈念するおなじ願いの民衆の洽き協働によって、またぜひともそういう成り立ちからでなければできない建物」として構想すると述べられているわけですね。これは建築家としてはほとんど自分から橋を落としているということです。この日本の社会で、どうやって、この「計画」を実現していくのか。本当にそういうことが可能であるためには、日本はどうでなければならないのか。日本の民衆はどうであるべきで、日本の政府はどうであるべきなのか、と問いは続くわけですが、本当にもう、橋をいくつもかけ直さなければいけない。とてもハードルが高い。でも、決してハードルを低くしない。しかも綿密にコンセプトを実現に向かって精緻化していくその歩みを決して止めていない。そういう、やはりどこにも回収されない生き方が、この「原爆堂計画」にはつきまとっています。

ついこの間、表参道のギャラリーで開かれた「白井晟一の『原爆堂』展　新たな対話にむけて」（Gallery 5610、二〇一八年）を見に行ってきました。このほどつくられたらしいCGによる「原爆堂」の紹介映像を見せていただいて、本当に感動しました。あれを見てはじめて、「原爆堂」がどういう建物なのか、それが、未来の一点で、われわれを待っていることをありありと感じることができたと思います。すぐに思い浮かんだのは、ありようはまったくちがうにしても、あのバルセロナに建築され続けていまなお未完成のままに立つアントニ・ガウディのサグラダ・ファミリアです。かれ自身は一九二六年に電車に轢かれて死んでしまいますが、かれの死後もみんながお金を集めて、ずっと建設が続いています。

――造形的な好みはともかくとして、白井晟一はガウディを評価したエッセイを書いています。その評価のバックグラウンドには、キリスト教文化とその歴史に対する関心と敬意があると思います。白井が活動した社会や文化にはそういった背景はない。じゃあ何があの「原爆堂」の背景にあったのかというと、手がかりになるのはやはり戦争だったのではないかと思います。

そうですね。ぼくは最近、幕末期の思想経験に関心を持つようになりました。明治維新を可能にした尊皇攘夷思想というのは極めて問題の多い思想なのですが、この日本社会でただ一つ革命をもたらすことのできた思想です。これについて、なぜそういう力があったのか、考えてみようと思ったのです。そしてもう一つの動機が戦争です。皇国思想という日本社会を戦争に向けて動かした思想は、その大本の幕末の尊皇攘夷思想のほうからでないと、心底批判し否定するということはできないのではないかと思うのです。両者のちがいは、民衆性というか、その思想の基盤に「地べたの普遍性」とも言うべきものがあるかないか、ということです。幕末の尊皇攘夷思想は、このままいけば開国を理由に植民地にされてしまう、でもそれはおかしい、不当だ、理不尽だ、という誰もがおなじ境遇に置かれたらそう感じるだろうという「普遍性」を備えていました。テロリズムの思想だとしても、そういう基盤があった。それがぼくの言う「地べたの普遍性」ですが、天孫民族の優越感に立って八紘一宇を説く第二次世界大戦下の皇国思想に、それはありません。それは、どこにも民衆の足場を持っていない。天皇という天空の価値から宙づりされた思想だったのです。では戦後はどうでしょうか。ぼくの目にいま、戦後民主主義や護憲論は、そのような宙空性という点で、むしろ皇国思想と似たところがあると見えています。世界に冠たる万世一系の天皇が、世界に冠たる戦争放棄の平和憲法へと、そのますます替わったというか。そういうところに多くの人が無自覚なのは困ると思っています。しかし、戦後の平和主義は、それだけに支えられてきたのではないのですね。それは国民一人ひとりの戦争体験にも裏打ちされていました。そしてこの国民の戦争体験について、ぼくはいま、日本社会が古代以来、幕末の危機意識に次いで二度目に持った民衆に広く共有された「地べたの普遍性」だったのではないか、と考えているところなのです。

この前の戦争では三一〇万人が日本で亡くなりました。ということは、三〇〇万から四〇〇万もの人が自分の身近な人間に死なれているということです。当時日本の人口は七〇〇〇万人だったので、ほとんど半数がそういう目に遭っていたことになります。自分の身近な人に死なれて、それも戦争なんかで死なれたら、その後の人生はもうない。そう思います。とはいえ、その苦しい体験から生まれる無念は生きている限り、その生き残った人を動かします。白井晟一はそういうものをちゃんと受け止めることができる人間だった。また、そういう建築家でもあったと思います。

それが、なぜ原爆という人類史的な惨禍を経験した社会から、それを受け止めた建築計画が、かれ以外からは出てこなかったのか、ということのもう一つの答えでしょう。

白井晟一は、そういう意味では日本の戦争を建築家として背負おうとしたのだとも言えます。ぼくがこの間よく言及してきたゴジラは、一九五四年一一月の封切り（シリーズ第一作）ですから、ほとんど白井の「原爆堂計画」と同時期に生まれています。ぼくの解釈は、ゴジラには日本の戦争の死者の無念さが凝集されている、というものですが、その解釈に立てば、ゴジラが、なぜ復興なった日本に南太平洋からやってくるのか、という問いの答えは、あれは帰ってくるのだ、ということになります。ぼくは、ゴジラについて書いた文章の一つに、もし自分につくらせてくれたら、次のゴジラには靖国神社を破壊させる、と書いたことがあるのですが、ゴジラの問題は、戦争の死者たちにとって、いまの日本には、本当に帰ってくる場所がない、ということだと思うのです。

どこに帰ってくればよいのか。かれらを受け入れる場所は、どれくらい広くて深くなければならないか。「原爆堂」はTEMPLE ATOMIC CATASTROPHESなんですね。テンプル、お寺、墓所でもある。ですから、戦争が手がかりだという昱磨さんの意見にはぼくも同意できます。

□

——最後に、「原爆堂」の造形についてお話しいただけますか。

「原爆堂」は水の上に浮かぶ祈念施設（本体）とそれと地下道で繋がる本館的建物からなっています。五五年当時、この二つの関係は当初は祈念施設と美術館でした。しかしほどなくこの話は不調に終わり、すぐに用途を限定しないかたちで英文パンフレットでの再提案がおこなわれます。英文パンフレットのタイトルは、先の通り、TEMPLE AOMIC CATASTROPHESです。TEMPLEが冒頭に来て、いまでは「原爆堂」ははっきりと「テンプル」、つまり「御堂」を名乗ります。この二つの建物の関係も、用途から外れたまま、本館と地下道で繋がる水に浮かぶ別館という一対の構造に変わります。ぼくに言わせれば、構成的理念と統整的理念を思わせる二重構造が、その時点ではじめて現れるのです。

この二つの建物の在り方が何かの形に似ているという指摘もありますけど、大事なのは、そこに現実に繋がる基部とそこから隔てられた本体とがあるということ、それも、意図しないまま、それがそういう形になった、ということではないでしょうか。

白井晟一の中で原爆堂のコンセプトが変わっていったということ。そこが大事なのだと思います。

「原爆堂について」という文章には、読むと分かりますが、二つのヴァージョンがあります。一九五五年に『新建築』に載ったものと、それからおよそ二〇年経った一九七四年に中央公論社から出た『白井晟一の建築』に収められたものと。七四年の文章には「1955　白井晟一」と署名されていますが、文章自体は書き換えられています。「TEMPLE ATOMIC CATASTROPHES は一九五四年からの計画である」と冒頭に書かれていて、それは後に書かれた述懐としての文章になっています。

――主に「temple」と言われる本堂の構造について書かれている文章ですが、二つにはたしかにちがいがあります。五五年の文章には陸側の美術館についても触れられているのですが、七四年の文章では本堂についてしか触れられず、「原爆の図」の展示施設であるという解説はありません。

本堂の構造についての説明が面白いんです。五五年の文章では、これは架構構造ではないと書かれています。つまり柱や梁で支える「構造」ではない。じゃあどうやってつくるのかと言えば、それ全体が一つの「鋳型」だと言うんです。一体になっている。こんなものがこの大きさで、一つの鋳型でつくられるというのは、ほとんどあり得ないことですよね。でも、これまでにないもの、そういうものがここに置かれなければならない、という意図がそこに生きているのだと思います。また、この本堂は水の上にあるわけですが、その水の様子が「原爆堂について」に「眼にみえぬほど静に流れている澄明な水」と書かれ、「豆腐」の最後に「生の調和した聯関を形成するいろいろな要素が、澄明な、『用』の泉の底に音もなくいつでもわれわれの感応と発見をまっている」と書かれて、照応しているのを見ると、この二つの表現の近さに胸を衝かれます。こういったところからも、この二つの文章を中に閉じ込めた、水面下にある氷山の容量の大きさが想像されると思うのです。

あと、五五年に一体のものだとされた本堂は、七四年の文章では一辺二三メートルの方錐をシリンダーが貫く形になって、「風呂桶の箍を締めるような構造」というように変わっています。ここに「風呂桶の箍」が出てくる。これも面白い表現ですね。いわゆる近代的な構造ではないんでしょう。しかし、白井晟一の、目標に一息でも近づこうという「造型のピュリティ」への追尋の迫力が伝わってくる。

――これだけの大きなキャンティレバーは架構構造では難しい時代だったのではないでしょうか。梁の成《せい》（高さ）ばかりが大きくなってしまって。それで四周の壁を「箍」に相当するようなもので締めつけて床の構造と一体化させ、それを円筒に載せるといったような方法を構造家と相談していたようでした。

なるほど。ぼくは素人なもので、よく分からない、でも面白い(笑)。先本堂と陸地側にある本館の関係を見てみると、地下で繋がっています。先には統整的と構成的と言いましたが、これは脳と目の関係とおなじです。目というのは、発生学的には、何百万年もかかって脳が垂れてきて外に出たものだと言われています。目は外界に露出した脳なんです。目は事実を見るけれど、判断はしない。網膜から受けた光の刺激が脳にいって、そこで像を結んで情報になる。目と脳は切り離されているのだけど、そうやって繋がっているわけです。この関係、この離隔の在り方が、やはり先の構成的理念と統整的理念ということを考えさせます。そこには二つのもののせめぎ合いがあります。未来と始原、人類共存の祈念と伝統への遡及、そして聖なるものと生きることと。

白井晟一はいろんなものごとを、そのダイナミズムの中で、本当に生きたかたちで考えていた人だと思います。伊豆韮山の江川邸、「豆腐」、「めし」と次々に予想をはるかに超えた地点に意想外なものを例示する。その迫力に圧倒されました。でも、建築家というのは、モノをそこに置く。モノで示す人でもあるので、もっと白井晟一の建築を味わいたいという気持ちがあります。ちょうど飛び抜けた直球を投げられるピッチャーが、それがあるため、変化球で次から次へと三振を取るみたいに、すごみのある建築作品があるので、かれの思考、かれの言葉にみんなが次々に三振をくらうのでしょう。そしてその精髄がいまなお存在しない、非存在性をありありと感じさせてやまない、この「原爆堂」なのでしょう。先行するものにサグラダ・ファミリア計画があるわけですが、白井晟一にとっても、こういうふうなかたちでかれの思念をとらえ続けたのは、この「原爆堂」だけだったのだと思います。

——戦後の日本建築では異例なものなのでしょう。でも捨てきれない。ときどき出てきて話題になったりする。

そう、葬り去れないんですね。終わりにできない。まだ誰にも解かれてない問いがここにあります。ぼくは、今回、いろんな問いを自分の前に置かれました。あと一〇〇年かかろうと、二〇〇年かかろうと、日本の社会は、この建築計画を胸に留めて、いつかこの問いに答えるのがよいと思っています。

あとがき

本書は『白井晟一の建築』（めるくまーる、全五巻）の別巻として「原爆堂」をめぐる論叢集のかたちで当初は企画されていましたが、シリーズの編集を担当した松井智氏との討議の末、四人の方から原爆堂を中心にお話をうかがうかたちをとり、晶文社から刊行していただくことになったものです。

六〇年を経て「原爆堂計画」を改めて取り上げるに際して求められたのは、建築の領域的な言説に拘束されない、3・11以後の「知」の抱えた問題をふまえたものであることとでした。

ここでご紹介するまでもないことですが、加藤典洋氏は「敗戦後」の日本が抱えることになった本質的な問題をさまざまな角度で論究し続け、原爆や核の問題についても論じられて来ました。岡﨑乾二郎氏は白井晟一の没後はじめて本格的な白井論を発表され、その論考の中心に「原爆堂」を取り上げられています。五十嵐太郎氏は建築人文学的な論考『日本建築入門——近代と伝統』に「原爆」の章を設け「原爆堂」を論じられました。鈴木了二氏は一九八〇年代に「一冊の白いパンフレット」の表題で「原爆堂」をすでに論じられており、建築界では「原爆堂」を論じられた数少ない方の一人です。

突然のお願いにもかかわらずご協力下さった四人の論者の方たちに、まずお礼申し上げなければなりません。白井晟一のエセー集『無窓』の改訂普及版を実現してくださった晶文社の太田泰弘氏が今回も尽力して下さいました。また困難な仕事を自ら負うことになってしまった松井氏の取り組み、ご出精にこころより感謝いたします。

二〇一八年夏

白井昱磨

著者について

岡﨑乾二郎　おかざき・けんじろう

1955年、東京都生まれ。造形作家。武蔵野美術大学客員教授。82年パリ・ビエンナーレ招聘以来、数多くの国際展に出品。2002年のヴェネツィア・ビエンナーレ第8回建築展では日本館ディレクターを務めた。主な著書に『ルネサンス　経験の条件』(文春学藝ライブラリー)、『芸術の設計——見る/作ることのアプリケーション』(フィルムアート社)、『ぽぱーぺ ぽぴぱっぷ』(絵本、谷川俊太郎との共著、クレヨンハウス)。

五十嵐太郎　いがらし・たろう

1967年、フランス・パリ生まれ。建築史家、建築評論家。東京大学工学系大学院建築学専攻修士課程修了。博士(工学)。東北大学大学院工学研究科教授。『ル・コルビュジエがめざしたもの』(青土社)、『日本の建築家はなぜ世界で愛されるのか』(ＰＨＰ新書)、『日本建築入門——近代と伝統』(ちくま新書)、『新編　新宗教と巨大建築』(ちくま学芸文庫)、『現代建築に関する16章』(講談社現代新書) など著書多数。

鈴木了二　すずき・りょうじ

1944年、宮城県生まれ。建築家。早稲田大学栄誉フェロー・名誉教授。早稲田大学大学院池原義郎研究室修了。自身の作品を「物質試行」としてナンバリングし、建築、絵画、彫刻、インスタレーション、書籍、映像など多領域で創作活動を展開。主な著書に『ユートピアへのシークエンス』(LIXIL出版)、『寝そべる建築』(みすず書房)、『建築零年』(筑摩書房)。

加藤典洋　かとう・のりひろ

1948年、山形県生まれ。文芸評論家。早稲田大学名誉教授。東京大学文学部仏文科卒。『言語表現法講義』(岩波書店) で新潮学芸賞、『敗戦後論』(講談社/ちくま学芸文庫) で伊藤整文学賞、『テクストから遠く離れて』(講談社) と『小説の未来』(朝日新聞出版) で桑原武夫学芸賞を受賞。『もうすぐやってくる尊皇攘夷思想のために』(幻戯書房)、『敗者の想像力』(集英社新書)、『戦後入門』(ちくま新書) など著書多数。

白井昱磨　しらい・いくま

1944年生まれ。国際基督教大学人文科学科卒業後、ベルリン自由大学哲学科、ベルリン造形大学建築科留学。73年より白井晟一研究所所属、83年白井晟一没後は同所主宰。建築作品に「等々力の家」「ユピテルビル」「雪花山房」「晨昏軒」「移心居」など。書籍『白井晟一研究』(南洋堂出版)、『白井晟一全集』(同朋舎出版)、『白井晟一の建築』(めるくまーる) などを編纂。2010年～11年の「白井晟一展」を企画監修。

図版提供：白井晟一研究所

白井晟一について　しらい・せいいち

建築家。1905年、京都生まれ。京都高等工芸学校（現在の京都工芸繊維大学）図案科を卒業後、渡欧しハイデルベルク大学及びベルリン・フンボルト大学でカール・ヤスパース等に師事。1933年に帰国し、建築家として活動を始める。代表的な建築に「ノア・ビル」「虚白庵」「呉羽の舎」「親和銀行」「浅草善照寺」「松井田町役場」「秋ノ宮村役場」など。高村光太郎賞、建築年鑑賞、建築学会賞、毎日芸術賞、芸術院賞、サインデザイン賞を受賞。装丁家・書家としても実績を残す。エッセイ集に『無窓』（1979年、筑摩書房／2010年、晶文社）がある。1983年死去。1955年立案の「原爆堂」は実現していない計画案だが、現代文明に対する根源的な問いかけを今日もなお続けている。

白《しら》井《い》晟《せい》一《いち》の原《げん》爆《ばく》堂《どう》
四《よっ》つの対《たい》話《わ》

二〇一八年七月三〇日　初版

著者　岡﨑乾二郎、五十嵐太郎、鈴木了二、加藤典洋、白井昱磨

発行者　株式会社　晶文社
〒一〇一-〇〇五一
東京都千代田区神田神保町一-一一
電話　〇三-三五一八-四九四〇（代表）
〇三-三五一八-四九四二（編集）

印刷・製本　ベクトル印刷株式会社

ISBN 978-4-7949-7028-2　Printed in Japan
http://www.shobunsha.co.jp